君は君の道をゆけ

齋藤

作画 東元俊哉

ワニブックス

はじめに

私は小学生の頃から、謙虚なふりをして自分を守るタイプの人が苦手でした。

その背景に、日本特有の「出る杭は打たれる」という見えないシステム、互いを監視し合うような不自由な雰囲気があると知るのは、少し先のことです。

「なんで、そんなに遠慮しないといけないの？」

「そんなにビビらず、自分の力を信じたらいいのに」……。

そこで出会ったのが、ニーチェという哲学者です。

この人は恐れを知らず、体制的なものに対してケンカを売って批判もしますし、自著については、なんと、自ら大絶賛！

私は「なんて風通しがよく、刺激的で、軽やかな人だろう」と心酔し、中学生の頃から還暦を前にした今なお、折に触れてニーチェの言葉に勇気をもらい、力づけられています。

そう、人生の先行きが心配で震える人に「恐れるな、ビビるな！」と声をかけ続けているのが、ニーチェなのです。

もし、あなたが今「人生をいかに生きるべきか？」ということについて迷っているとしたら、おそらく、どんな人の励ましよりも、ニーチェの言葉こそが〝効く〟ことでしょう。

人間が変わるためには、何らかの〝刺激〟が必要ですが、その〝刺激〟として、ニーチェの言葉ほど、適したものはないはずです。

なぜなら、ニーチェという人物は、人類史上、刺激的な言葉を発する人ナンバーワン。その言葉には、私たちの心を動かす、大きな力があるのです。

また、いわゆる哲学書を思い浮かべてみてください。どれも分厚くて、難しい言葉で書かれているため「なかなか頭に入ってこない……」という人も多いことでしょう。ところが、ニーチェの言葉は、短くて文学的。体系立った哲学書とは違い、たった一行だけでも、私たちの心にダイレクトに突き刺さってくるのです。

よく「ご指導ご鞭撻のほどを」などと言いますが、ニーチェの言葉というものは、さながら、この鞭《むち》のよう。「何をビビっているんだ！」「何を恐れているんだ！」と、恐怖に縮こまる私たちを奮い立たせます。

ただし、恐れることはありません。ニーチェは私たちを勇気づけるとともに、「君たち、挑戦する者よ」と、優しく励ましてもくれるからです。まさに、叱咤激励。厳しい言葉をかけながらも、「君たちにはできるはずだ！　私は期待している！」と、微笑んでくれるのですから。

おそらくみなさんも、この本を通してニーチェと出会い、読み終える頃には、不思議と「前を向こう、一歩を踏み出そう！」という気持ちになっていることでしょう。

プロローグ

「どのようにして精神が駱駝になり、
駱駝が獅子になり、
獅子が小児になったかを述べた。」（『ツァラトゥストラ』51ページ）

これはニーチェの主著『ツァラトゥストラ』に出てくる一文ですが、人の精神が成長していく様子を「駱駝《らくだ》、獅子、小児」という三段階を踏んで表現したものです。しかし、成長していくにもかかわらず「最後が子ども？」と、その順番に首をかしげる人もいるでしょう。

これについて、簡単に解説していきましょう。

まず、人というものは、小さいうちは学校に行かなければいけませんし、勉強もしなければいけません。ルールを覚え、しつけも受けますね。つまり、「あれしろ、これしろ」と、まさに生まれ落ちた瞬間から、いろいろな〝義務〟を背負っているわけです。

駱駝を見ていますと、「重荷を背負って、大変だなあ」と思いませんか？　ですから、**〝義務〟という重荷を背負って頑張る人間の象徴が、駱駝というわけです。**

もし、この駱駝の時期を過ごしていない人と付き合うとしたら、大変なことでしょう。小さい頃にきちんとルールを身に付けていない人は、仮に30、40代になっても、同じくルールを守ることができないからです。

遅刻せずに毎日学校に行く。あるいは、何かしら勉強をする……。そのような〝義務〟を背負った人間の方が、後になって自由がきくものです。社会というものは、ルールを守れる人間に地位を与えるものですから。

みなさんは、この本を手にとった時点で、きちんと駱駝の時期を過ごした方々であることがわかります。なぜなら、ニーチェにたどり着くには、駱駝の時期が必要だからです（笑）。

そして、**〝義務〟や抑圧された現状に「ノー」と言って立ち上がる。それが、獅子です。**

百獣の王として君臨するライオンは、誰の意見も聞きません。すでにある体制的なものに対して「ノー」と言い、立ち上がって、戦う。

つまり、自身で考え、抑圧を否定して戦うわけですから、単に〝義務〟を背負っただけの駱駝とは違うことがおわかりいただけるかと思います。

そして、これら駱駝、獅子の時期を抜け出した人だけが、初めて、**何かに対抗するわけでもなく、自身から湧き出るものを楽しめるようになります。これこそが小児、つまり子どもの時期です。**

抑圧を否定するのが獅子の時期であるならば、すべてを肯定し、やることなすこと遊びにしてしまう。つまり、自分から価値を生み出すことができるのが、子どもの時期なのです。

たとえば、子どもたちは、何もないような場所でも、楽しい遊びを考え出します。これと同じように、仕事が非常にできる人の中には、仕事を仕事と思わず、軽やかに、まるで蝶が舞うがごとく、遊ぶかのように仕事をこなす人がいます。

メジャーリーグの大谷翔平選手などは、たとえ怪我をして深刻な時期であっても、どこか楽しんでいるような印象を受けます。その姿は軽やかで、まるで少年のようです。

つまり、精神の成長において、小児が最後に来るのには、こうした理由があるわけです。


義務や抑圧、試練を乗り越え、成長した人だけに、見える景色があります。それらを乗り越えることによって初めて、人は自信を得て、自己肯定感が高まり、他人にも明るく接することができるようになるのです。

もし、みなさんが「自分なんて」という思考に陥っているとしたら、その思考を取り払って、あれこれ考える前に、自分のエネルギーを噴出させてみてほしいと思います。


ぜひ、並みの人生論とは一味違うニーチェの言葉に刺激を受けて、自分の内側から湧き出るものを感じてみてください。

きっとあなたも、蝶のように軽やかで、明るく上機嫌な〝子ども〟に、生まれ変わることができるはずです。

どのようにして
精神が駱駝になり、
駱駝が獅子になり、
獅子が小児になったかを
述べた。

*義務という重荷を背負って
生きる駱駝の時期

『ツァラトゥストラ』
（中公文庫、51ページ）

君は君の道をゆけ　目次

100

飛ぶことを学んで、
それをいつか実現したいと思う者は、
まず、立つこと、歩くこと、
走ること、よじのぼること、
踊ることを学ばなければならない。
――最初から飛ぶばかりでは、
空高く飛ぶ力は獲得されない。

『ツァラトゥストラ』
（中公文庫、434ページ）

001
空高く飛ぶために、君がすべきこと

この言葉はつまり、物事には段階があって「最初から飛ぶ」ことはできない、ということです。立つ、歩く、走る、よじ登ると、いろいろとやってみて、そこで初めて飛ぶことができるのです。

したがって、**何か目標がある人は、段階を踏んで、あれこれと試してみなければいけません。**たとえば仕事でも、いくらクリエイティブな仕事をしたいと思ったところで、最初からそのような仕事を任されることはありません。まずは誰かの補助業務につき、次に会議に出席するようになって……というように、会社の中でも仕事のプロセスがあるはずです。

よく、新入社員が研修の2週目にして、会社を辞めてしまうという話を聞きます。もちろん、研修の時点で辞めてしまうわけですから、本当にその仕事に向いていないのかもしれません。ただし、新卒というカードは、非常に重要なもの。一般的に人は新卒のときに、一番よい会社に就職できる傾向があるからです。ですから、新卒で入った会社を研修段階で辞めてしまうというのは、非常に残念なことなのです。

研修では、まだ本格的な仕事についているわけではありませんから、先のことはわかりません。そのような段階で見切りをつける人を見ると、「いきなり飛べるとでも思ったのかな？」と、感じてしまいます。途中の段階で、よじ登るなり、走るなり、いろいろな選択肢があったはずだと、少々残念に思うわけです。

もちろん決断が早い方がいいというケースもあります。とはいえ、最初から飛ぶばかりでは、高く飛べるようにはなりません。なぜなら、空高く飛ぶためには、地味な仕事や勉強をする時期が必要だからです。最初は「地味だなあ」と思っていたことが、あとから効いてくる、ということが多くあるのです。

これらのことを踏まえたうえで、**「空高く飛ぶためには、自分はいったい何をやらねばいけないのか」**ということを、よく考えておくといいと思います。

あくまで比喩ではあるものの、「君はよじ登ったことがあるか？　走ったことがあるか？」と聞かれたとき、様々なエピソードを笑って話すことができたなら、最初から飛んでいた人より、ちょっとかっこいいと思いませんか？　また、その方が、結果的に空高く飛ぶことができるわけです。

002

しかし君の出会う
最悪の敵は、
いつも君自身で
あるだろう。

『ツァラトゥストラ』
（中公文庫、138ページ）

002 最大の敵は、おのれ自身である

克己心《こっきしん》という言葉があります。弱気になっている自分を乗り越えなければいけない、自分自身に克《か》つ。そんなときに使う言葉です。

みなさんには、「どうせ、そんなことをやっても無駄だよ」などと、勝手に思い込んでいることはありませんか？　そんな思い込みにこそ、要注意です。自身の判断で「これくらいでいいだろう」と考えることは、自分自身を甘やかすことにもなり、**せっかく目の前に広がっている未来を、自分自身で消去してしまうことにほかなりません。**

首相も務めた高橋是清《たかはしこれきよ》は『随想録《ずいそうろく》』の中で、〝仕事がないのに「この仕事は嫌だ」なんて言っている人がいるが、信じられない〟ということを言っています。

つまり、「来た仕事は、とりあえず全部やれ！」ということですね。

たしかに、最初から肝心な仕事ばかり任されるわけがありません。贅沢を言って逃げたり、言い訳をすることは、自分自身の成長にストップをかけていることと同義なのです。

これこそが、ニーチェが「自分の敵は、自分自身」という所以《ゆえん》です。甘やかしたり言い訳をしたり……。まさに敵は自分の中にいた、というわけです。

以前、私は子ども向けに『心をきたえる痛快！言いわけ禁止塾』（PHP研究所）という本を出したことがあります。「でも、できない」「だって〜」などと、「できない理由」を探すのは禁止！　何でも積極的にチャレンジできるような人間になりたいのであれば、「おっと合点承知之助」と言え、といった内容です（笑）。

つまり、自分でストップをかけてしまっていないか、やる前から力を限定していないか、言い訳をしていないかを自身に問いかけ、自らの成長を妨げないようにしてほしいのです。

みなさんも、思わず「これくらいでいいだろう」などと、自分を甘やかしそうになったときは、ニーチェの言葉を思い出して、「自分の敵は、自分自身！」と思うようにしてください。

くれぐれも、自分で自分の力に限界をつくらず、言い訳をせず、目の前のことに取り組むようにしましょう。それこそが、克己心というものです。

とはいえ、ニーチェの言葉は劇薬でもありますから、ちょっとずつ、無理のない範囲で取り入れるようにしましょう。

003

共に苦しむ
ことではなく、
共によろこぶことが
友人をつくる。

『人間的、あまりに人間的Ⅰ』
（ちくま学芸文庫、428ページ）

これはニーチェ流の、友人のつくり方です。

ただし、この言葉はともに苦しむことを否定しているわけではありません。ともに試練をくぐりぬけたあとに喜びがありますと、それは爆発的なものになります。しかし、ニーチェが求めるのは、あくまで祝祭的な関係性です。つまり、「これ、最高だよね！」と、ともに喜び合うことができるのが、友人だというわけです。

003 友と喜びを共有し、分かち合え

では、どうすれば、ニーチェのいう祝祭的な関係性を築くことができるのでしょうか？　それは、意外に簡単です。

私たちは、自分が偏愛するものを他の人と共有できたとき、喜び合うことができますね。

たとえば、私は80年代のアイドル、中森明菜さんが好きなのですが、「私も好きです」という学生と一緒にYouTubeを見ながら「このタンゴ・ノワール、最高だよね！」と、世代を超えて喜び合うことも可能です。つまり、共通の事柄を分かち合うことによって、二人は祝祭的な関係性をつくることができるのです。

したがって、同じ好きなものや志《こころざし》がありますと、すぐに友人になることができます。

スポーツしかり、クラシック音楽しかり、英語学習しかり……。

たとえば、あの福沢諭吉は、せっかく勉強してきたオランダ語よりも英語の方が重要だと知ったとき、壮絶な絶望感に襲われたそうです。この絶望のあとに諭吉が何をしたかというと、一人で歯を食いしばって英語の勉強を始めるのではなく、なんと「英学の士を求む」と、「一緒に勉強する友達」を探したのです。

あの福沢諭吉ですら、一人で勉強するのは苦痛なのですね。ちなみに、オランダ語を勉強していたときも、大阪の適塾で、友人らと励まし合って学んでいます。ともに勉強をしていると「これ、わかったね！」というとてつもない喜びが共有されるものです。

つまり、友人を得るためのポイントは、好きなものについて語り合う。あるいは、ともに試練をくぐり抜けて、喜びを得る。そして、その喜びを共有し合うことにあります。

当然、つらいことを話し合える友人も大切ですが、「まずは喜びを分かち合おうよ」と、ニーチェは説くのです。

ニーチェの生きた時代は、現代ほど娯楽も多くありませんでした。特にプロテスタントの人々は、まるで喜びを憎んでいたかのごとくでした。当然、性は抑圧され、喜びも抑圧されたのです。この言葉には、そういった背景もあったのかもしれません。

人生の坂道を辛苦して
のぼってゆく間は、
めったに脚を折ることはない、
——しかし、甘く見て、
安易な道を選び始めるときが
いちばん危ない。

004

『人間的、あまりに人間的 II』
（ちくま学芸文庫、190ページ）

004 安易な道を、選ぶことなかれ

人というものは、「ラクな道だな」「下り道だから余裕」と思うときこそ転ぶもの。坂道のスロープを上りながら転ぶ人は、ほとんどいません。階段も同じで、上るときより下りるときの方が危ない。要するに、「**ラクだなあ」と思ったときこそが危険なのです。**スキーでも、降りるときは怪我をしやすいものです。

これを人生に置き換えてみますと、ラクな道を歩もうとしているときは油断し、チャレンジする気持ちがなくなり、かえって危ないということになります。むしろ、多少きつめの道を歩んでいるときに、精神が折れることは少ないのです。とはいえ、きつすぎる垂直の壁を登ろうとしてはいけません。登れなくて、最初から心が折れてしまいますから……。

たとえば、受験をしようとしている人は、今いる集団よりもっと上の学力を持つ仲間たちと関わりたい、と思って受験をするわけです。受験先のレベルが高ければ高いほど、レベルの高い人と関わることになる。それが受験です。しかし、たとえ敗れ去ったとしても、その努力が無駄になることはありません。

よく、日本のサッカー選手がせっかく海外のクラブへ移籍するも、活躍できずに帰国することがあります。「見ているのと実際にやるのとでは大違いでした」ということで帰ってくるわけです。しかし、そのチャレンジは決して失敗ではありません。なぜなら、そこに行かなければ見えない景色があるからです。

つまり、チャレンジしたことは、絶対に無駄にはならないのです。

『徒然草』に、「高名《こうみょう》の木登り」という話があります。ある人が高いところに登っているとき、はたから見ればとても危ないように思えますが、そばで見ている木登りの達人は注意をしません。その人がある程度の高さまで降りてきたときに初めて「気をつけて降りてきなさい」と注意するのです。くり返しになりますが、人というのは安易なところ、簡単なところでこそ失敗するものです。「このくらい、大丈夫だろう」と甘く見たところで失敗するのですね。このことを、木登りの達人はしっかり把握していたわけです。

企業などでも、社内の事態を甘く見たがゆえに「静観」し、結果として大失敗することがあります。これも、「静観」という、安易な道を選んだがゆえでしょう。

まさに、『徒然草』の時代から変わることのない、人間の真理です。

005

行為に先だって
言葉を投げよ。
破約の恥辱によって、
自らを拘束せよ。

『ニーチェ全集第五巻〈第II期〉』
（白水社、36ページ）

005 おのれの言葉で、自分を鼓舞せよ

「破約《はやく》の恥辱《ちじょく》によって、自らを拘束せよ」とは実にかっこいい言葉ですが、どこか難しく感じる人もいるかもしれません。わかりやすく言い換えますと、「有言実行せよ」ということです。

「破約」とある通り、自分の言ったことを「実行」できなかったとしましょう。つまり、自分との約束を破ってしまう。それは恥ずかしいことである、というわけです。そのような恥をかかないようにするためにも「自分を自分の言葉で縛り上げて頑張れ！」と、ニーチェは言うのです。〝縛り上げる〟というと不自由に感じるかもしれませんが、これは、自分の言葉で自分を勢いづける、鼓舞するという意味合いです。

ポイントは、先に宣言してしまうこと。たとえば、私の場合ですと「自分は生涯において、１０００冊の本を出版する！」といった具合です（笑）。

もちろん、たとえ９００冊だとしても多い方だと思いますが、先に公言しておくことで、「あの人１０００冊って言ってたのに、９００冊で終わったよね」ということになる。たしかに、それでは恥ずかしいですね。

とりあえず、自分自身に賭けてみる、ということです。「こういう未来を迎えたい！」という気持ちを言葉にし、未来の自分に向かって投げ、企てるというようなイメージでしょうか。ちなみに、これを実存主義では「投企《とうき》」といいます。

まずは、未来に向かって言葉を投げてみる。言葉を投げ、自分自身にハードルを設け、それに向けて頑張る。仮に、それを破っても「恥辱」を感じない人がいれば、その人はただのビッグマウスということになりますから、ニーチェの目指すものではありません。

ぜひ、自分自身に期待することを、恐れないでください。現代は、過剰に臆病になっている人が多いように感じます。ところが、「私なんて」「僕なんて」と言っている人に限って、実際にやらせると上手だったりするものです。

また、あまりに謙遜するクセがついてしまいますと、「勇気」がなくなってしまいます。提出した企画を、上司に「いいじゃない、やってみなさい」と言われるような人は、そもそも、先に勇気を持って言葉（企画）を投げかけているわけです。

叶えたい未来があるなら、まずは言葉にしてみるところから始めましょう。

006

苦痛のなかには、快楽のなかにおけると同じだけの知恵がある。

『悦ばしき知識』
（ちくま学芸文庫、332ページ）

006
苦痛の中にこそ、得るものがある

生きていれば、誰しも「ああ、つらい。心が痛い」と感じる場面があります。しかし、その痛みの瞬間にさえ「もしかすると、これは幸運なのでは？」と思うことができたなら、人生はよりドラマティックになることでしょう。

人生というのは、平凡に可もなく不可もなく生きるのもいいと思いますが、個人的には、いわゆる紆余曲折のある方が、少々ドラマティックで面白いのではないかと考えています。

私自身、20代は大学院生で低収入の時期が長くありました。30代に入っても定職無しの状況が続くと、さすがに「苦痛かも」という感覚こそあったものの、一方で、順風満帆な人が見ているものとは趣きを異にする知識や知恵を、その時期に得ることができました。

以前、チリで多くの作業員が地下に閉じ込められるという、鉱山の落盤事故があったことを覚えているでしょうか？　あのとき、ようやく生還することができた作業員が空を見上げて、「この青空は、自分たちだけの青空だ」と言ったそうです。

たしかに、その青空は、閉じ込められていた人たちだけが感じることのできる青空だったことでしょう。2ヶ月もの間、暗い場所に閉じ込められていた人だけが見ることのできる青空です。もちろん、誰が見ても青空は青空。景色は変わらないでしょうが、実感としては全然違うわけですね。**つまり、「なんてきれいな青空なんだ！」と思うには、暗さを感じる経験も必要なのです。**

したがって、ある程度の苦痛のあとには、通常では得られないような爽快感、達成感があるものです。新しい知恵や感動に出会うためにも、多少の苦しさは必要なことなのです。なかには、あえて苦労するということを、わざわざ選ぶ人もいるほどです。

たとえば、〝鉄鋼王〟と呼ばれたアンドリュー・カーネギー。彼はスコットランドの出身ですが、同じくスコットランドの英雄ウィリアム・ウォレスに憧れて、「どっちの道を選ぶ？」と問われると、常に苦難に立ち向かったというウォレスと同様、必ず暗く、難しい道を選んだそうです。そうすることで、勇気が鍛えられますから、得られるものが多くあったのでしょう。つまり、困難に立ち向かう心自体が、知恵なのです。知恵というものは、当然、単なる知識や情報とは異なります。

今の時代、プレッシャーからとにかく逃げるというような人も多いですが、苦痛の中にこそ得るものがあるということを、ぜひ覚えておいてください。

007

好きだからでなくとも、
少なくとも絶望からでも
仕事をしなければならない。
なぜなら万事をよく考えてみると、
楽しくすごすよりも、
仕事をするほうが
退屈しないからである。

『ニーチェ全集第十巻〈第II期〉』
（白水社、397ページ）

たとえ絶望していても、仕事をこなしてみよ

大人であれば、たとえ好きでなくとも、仕事をしなければいけないという場面が、多々あります。

「楽しくすごすよりも、仕事をするほうが退屈しない」とありますが、「本当に？」と疑問に思う方がいるかもしれません。たしかに「楽しいことをしていると退屈しない」「時間が過ぎるのを忘れてしまう」などと言いますが、**楽しいことでも、しばらくやり続けていると新鮮さがなくなり、必ず飽きてしまうものです。**

ちょっと想像してみてください。

たとえば、好きなアーティストの動画を、YouTubeで3時間見続けるとしたら、さすがに少しは飽きてしまうと思いませんか？

ところが、仕事というものは、8時間くらい続けていても案外飽きないのです。出社して「飽きたなあ」、お昼を迎える前に「飽きたなあ」、午後すぎに「飽きたなあ」といちいち考えることは、ほとんどないはずです（笑）。

では、逆に「毎日、必ず8時間、YouTubeを見なさい」と言われたらどうでしょうか。月〜金で毎日8時間、YouTubeを見続けるとしたら、飽きてしまうどころか、むしろ拷問に近いでしょう。なかには、YouTubeが嫌いになってしまうこともあるかもしれません。ところが、これが仕事となると、月〜金で毎日8時間やり続けている人もいるでしょうし、できてしまうものなのです。

これは、なかなかの盲点かもしれません。

「好きだからやる、面白くないからやりたくないではなく、絶望している状態でも仕事をやれ」という言い方も、いかにもニーチェらしいですね。

仕事というものは、時間の過ごし方として、もやっとした時間を過ごすには打ってつけなのです。私自身も、大学の仕事をしているときの方が、調子がいいように感じます。逆に長期休みに入りますと、どこか拍子抜けしてしまうのです。

働かなくていいというのは、一見、魅力的なようですけれども、一年中バカンスになってしまったら、どんな人でも「仕事をしたい！」と思うことでしょう。ですから、好きとか嫌いなどと言わず、どうぞ、目の前にある仕事をまずはこなしてみてください。

008

あなたの力以上に
有徳であろうとするな。
可能性を超えたことを
おのれに求めるな。

『ツァラトゥストラ』
（中公文庫、652ページ）

要するに、自分の可能性を超えたことまでやろうとしなくてもいい、ということです。無理をして聖人君子になろうとしたり、人に誠実でありたいと願っても、自分の資質にはある程度の限界があるものですから。

008 不向きなことを、回避する勇気を持て

「嘘も方便」という言葉があります。頼まれごとを断るとき、何らかの方便を使うというのは、日本人らしい奥ゆかしさもあり、悪いことではありません。

ただし、さりげなく「嘘も方便」を使える人もいれば、一方で、相手の期待に応えられない自分、断る自分に絶望してしまう人もいるわけです。

しかし、いくら自分の可能性を追求し、それに絶望したとしても、自分の中にあるものが突然変化したり、増えるということはありません。そういう意味で、ニーチェは「大体必要とされるものしか自分の中にはない」「自分の中にあるものを出していく」ということを、別のところで書いています。

自分の中にあるものが、形を変えて出てくる。たとえて言うなら、種のようなもので

しょうか。チューリップの種からバラが咲くことはない、ということです。

勉強にしろ、スポーツにしろ、学生時代に自分が苦手なことを克服しようと努力したり、じたばたしたりすることも、ある程度は必要です。自分の適性を理解するうえでも、非常に有意義なことでしょう。

ただし、大人になるにつれて経験も増え、「これはないな、自分には無理だな」ということが明確にわかってくると、徐々に、自分と上手く付き合えるようになるものです。「嘘も方便」で、実力に見合わないことを回避することもできるでしょうし、**自分の持つ可能性を、より芽が出そうな方向に導くことが可能になるからです。**

若い頃にありがちな〝全能感〟というものは、その人の可能性を広げる一方で、ときに危険な存在になりえます。「自分は、なんでもできる！」と勘違いしたままですと、できないことにぶち当たったとき、ぽきっと折れてしまうことがあるためです。

したがって「これは自分に向いていない」とわかるだけでも、大いにプラスになるものなのです。「何でもやらなきゃ」とばかりに無理に自分を追い込まず、「これは自分のすべきことでない」という冷静な判断をする方が、人間としてスマートということです。

009

君の行動の理由や、
またその目的が
君の行動を善となすのではない。
その行動をするとき
君の魂がうち震え、
光り輝いているかどうかである。

『ニーチェ全集第六巻〈第II期〉』
（白水社、37ページ）

何かしらの行動をするとき、「こんな理由があるから、いいよね」と理由を付けたり、「こういう目的のためにやっているんだから、正しい」と自身を正当化するような人がいますね。しかし、「そういうことじゃない。行動するときに自分の魂が打ち震えて光っているか否か、それが重要なんだ！」とニーチェは言っているのです。

『バガヴァッド・ギーター』というインド哲学の本があり、そこには「行為の目的に目を向けるな」ということが書かれています。要するに、「行為のプロセスだけに目を向けよ」ということです。

009 君の魂は今、光り輝いているか

みなさんは、何かを一生懸命やっているうちに「もはや、勝ち負けは関係ない」という心境になったことはありませんか？

私は浪人生活を経たあとの東大の合格発表の日に、「落ちていても受かっていても、どちらでもいい」と思った経験があります。なぜかと言えば、**すでに十分戦ったという自負があり、それまでのプロセス自体に、満足できていたからです。**その結果としての合否は、いわゆる時の運である、といった境地に達していたわけです。

したがって、基準はあくまで「今、自分の魂は打ち震えているか？　光り輝いている

か？」ということです。「将来、いい企業に就職するために、有名大学を受験するんです」といったような理由付けは、いっさい必要ないと説いているのです。

その人の魂が打ち震えているか、光り輝いているかどうかは、一目見ただけでもわかるもの。私はミュージシャンの昔の動画をよく見るのですが、「この人は光り輝いているな」と思う人が、実際に現代の10代をも惹きつけているのです。たとえば、若者に人気の歌手あいみょんさんは、浜田省吾さんのファンだといいます。魂が打ち震えている人を見ますと、時代など関係なく、こちらの魂も打ち震えるものなのです。

孔子は、「憤《ふん》せずんば啓《けい》せず」「悱《ひ》せずんば発《はっ》せず」と言いました。「憤せずんば」というのは発奮していないこと、「悱せずんば」というのは「言いたいことが上手く言えない！」といって身もだえしていないことを指します。つまり、言い換えますと、「興奮して、魂が光り輝き、自分も魂が打ち震えたい！　と思っているような人にしか啓しない、発しない（ともに「教えない」という意味）」ということです。

孔子が見抜いた通り、魂が打ち震え、光り輝いている状態こそが、学びや成長、すべてのスタート地点なのかもしれません。

のがれよ、
わたしの友よ、
君の孤独のなかへ。

『ツァラトゥストラ』
（中公文庫、107ページ）

OIO ときには、自分の孤独の世界に入ること

　他者と付き合うということは、まるで空中ブランコにでも乗っているようなもの。つまり、それだけあやふやで不確かで、疲れることだと思うのです。しかも、人間関係というものは、昭和の頃と比べて確実に、今の時代の方が難しくなっています。

　私は昭和30年代の生まれですが、あの頃は人間関係というものが、よい意味で今より〝雑〟にできていたように思います。そもそも、子どもの数も多いですし、私などは父親が10人兄弟ですから、いとこだけでも30人。人が多くて、とにかくわさわさとしているんですね。

　その頃に比べて、今の時代は一人と一人が出会ったときの緊張感というものがあります。つまり、みんながSNSで繋がっていて、それなりの緊張感を持ち、節度を保って付き合っている。昔なら、何かおかしなことを言ったとしても、次に会ったときにうやむやにして……ということもできましたが、今の時代はSNSで少しでも変なことを言うと、その言葉は半永久的に残り、人間関係がスパッと切れてしまう可能性もあるわけです。

　実際に、これほどSNSが発達してコミュニケーションの量が増えているにもかかわらず、男女の付き合う比率がむしろ減っているのは、どこかで警戒心や緊張感があるからか

もしれません。とにかく、疲れてしまう時代なのです。

そこで、**現代を生きる私たちには避難所が必要になります。それはどこかというと、「君の孤独のなか」なのです。**そこには誰もおらず、孤独で寂しいけれど、落ち着くような場所なんですね。

たとえば、絵を描く趣味のある人は、日常で何か嫌なことがあっても、一人で絵を描いていると、自然と孤独の中で落ち着く、というような経験があるかもしれません。ビートたけしさんは、かつてフライデー事件でテレビに出演できなかったとき、ひたすら絵を描いていたといいます。いろいろな思いがあったとは思いますが、一人きりで絵を描き続けていると、心が慰められたというのです。

傷ついた人は、上手に孤独の中へ逃れるといいと思います。好きな音楽を聴くのもいいでしょう。音楽を聴くときは一人ですから孤独です。その孤独が、一つの避難所、シェルターとなるのです。スマホを充電する短い間でも結構ですから、ぜひ、**完全なる孤独の時間をつくってみてください。**静かに本を読み、音楽を聴き、その孤独の中で、心の傷んだところを癒やしましょう。

OII

君たちが世界と
名づけたもの、
それはまず
君たちによって
創造されねばならぬ。

『ツァラトゥストラ』
（中公文庫、181ページ）

011 君自身が、世界を創造せよ

これは素晴らしい言葉です。一方で、ニーチェらしい「中二病」とでも呼ぶべき表現が炸裂しているフレーズかもしれません（笑）。

このフレーズのあと、「（中略）もし、神々があるとすれば、わたしはどうしてわたしが神の一人でないことに堪えられようか。だから神々は存在しないのだ」という言葉が続きます。

要するに、「自分が神になる」ということですね。自分という存在がどんどん大きくなり、ついには「世界を創造する！」というのですから、スケールが違います。

ある意味で場違いのようにも感じられる、このくらい大きな気持ちになる時期が、人生のうちで、一回くらいはあってもいいように思います。もちろん、自分が他の人より優れているかどうかは別問題で、関係ないのです。

たとえば、小学生のうちから偏差値で成績をはかるようなことをすると、子どもは「自分は能力がないんだ」と、落ち込んでしまいます。そうすると、「世界を創造するんだ！」という意欲自体が出てきません。したがって、小さいうちから成績に偏差値を持ち込むことは、なるべくやめた方がいいと思うのです。

あるいは、私自身、学生と一緒にカラオケに行きますと、みんな私より歌が上手で、

「カラオケが大学入試だったら、自分は落ちているな」と思うようなこともあります。

そんな、何か一つ違えば、すべてが違ってしまうような世界。**世の中など、その程度のものですから、何より、創造する意欲こそが大切なのです。**なぜなら、それぞれの生きている世界というものは、すでに違う世界だからです。


たとえば、「森」というものは一見一つのものに見えるかもしれませんが、実際には、生物によって見えている世界はまったく異なります。視覚・聴覚がないダニと大きな哺乳類とでは、同じ森にいても世界はまったく違うわけですね。

また、巨匠・モネの絵を思い浮かべてみてください。世界をモネの創造物として捉えてみますと、ルーアン大聖堂のようなしっかりした建物ですら、とろけて見えてきます。

以前、近視の私は、眼鏡をとって世界を見ると、視界がぼやけてモネ的世界になることに気づいたのですが(笑)、目のいい人には物がくっきりと見えるわけですから、モネ的世界に浸ることはできないのです。

確固たる世界など、ありません。眼鏡を外すだけで新たな世界を見ることもできるのですから。必要なのは、新たな世界を創造しようとする、意欲なのです。

すべての行動にはかならず
不快の成分が伴う。
けれどもこの不快は
ただ生の刺激として作用し、
力への意志を
強化するのである。

『ニーチェ全集第十巻〈第II期〉』
（白水社、344ページ）

行動しなければ何も始まりませんが、行動すればするほど不快なことが出てくるというのも、また事実です。

たとえば、坂本龍馬が脱藩して、薩長同盟を成立させる。その流れにおいては、そもそも幕府と闘うわけですから、ややこしいこと、あるいは不快なことがあるわけです。ただし、龍馬は、不快だから行動を止めてしまうとか、不快になるのが嫌だから引っ込んでしまうことはありませんでした。ニーチェ的に言うならば、不快をも「生の刺激」とし、それによって「力への意志」を強化していったのです。

012 不快すらも、よい刺激として生きよ

この「力への意志」というものは、自然に強くなることはありません。そうではなく、**ある種の“抵抗物”があるときにこそ、「力への意志」は強化されるのです。**たとえば、強い相手に負けてショックを受け、「これを乗り越えなければ！」というときなどは、強いパワーが湧き出てくるものです。

私は高校野球が好きなのですが、ある出場校が、対戦相手の一人の投手に、徹底的に抑えこまれてしまったことがあります。そこで、「あの投手の球を打てるようにならなければ、日本一にはなれない」と、春に負けてから夏まで練習を積み重ね、ついに、夏の決勝

で勝利を収めたのです。

この場合、最大の〝抵抗物〟となるものが、その相手選手だったわけです。彼はプロでも通用すると言われるほどの実力を持っていましたから、対戦相手としては、最初は存在そのものが不快以外の何物でもなかったはず……。ところが、その不快さこそが彼らにはよい刺激となり、「生の刺激」にスイッチが入ったというわけです。このように、不快さというものを「生の刺激」として生きている強い人たちがいるのです。


普通に仕事をしていても、世の中には不快だと思うことがたくさんあります。しかし、その不快さこそが「生の刺激」となって、「力への意志」を鍛えてくれます。

たとえば、営業で頑張ったことがある人は、クレームや突発的なアクシデントに対して、さほど驚きません。経験を多く積んできたことで、不快を「生の刺激」に変える力がついているからです。

このことを踏まえ、私は、「刺激には、愉快な刺激と不愉快な刺激の二つがあります」というお話をすることがあります。「不愉快な刺激」を不快に思うばかりでなく、ぜひ、それを「愉快な刺激」に変えてください、ということなのです。

013

——私は意志の力を、どれほどの抵抗、苦痛、拷問に耐えて、それらをおのれの利益に変えることができるか、ということに基づいて評価する。

『ニーチェ全集第十巻〈第II期〉』
（白水社、237ページ）

抵抗や苦痛に向かっていく、意志の力を持て

みなさんは「意志の力」とは何だと思いますか？「一つの目標を決めたら、それをやり遂げるということじゃないですか？」というのが一般的な答えかと思います。もちろん、間違ってはいません。しかし、ニーチェは「抵抗」というものが意志にとって非常に大切なものであると考えました。

つまり、**抵抗や苦痛を乗り越え、いかに自分の利益に変えることができるかということこそが、「意志の力」だというわけです。**

したがって、「君にとっての抵抗とは何か？」と問われたときに「特にないですけれど」という人がいれば、ニーチェ的には「それでは、君は戦っていないではないか！」ということになります。

要するに、抵抗、苦痛に耐えなければいけないわけです。なぜなら、既存のものに対して戦いを挑むときにこそ、その人の「意志の力」が試されるからです。

たとえば、ロックミュージックは、どこか抵抗している感じがしませんか？

もともとロックとは、カウンターカルチャー（対抗文化）から生まれたもの。伝統的な文化、制度的な支配的文化に対抗して、「そうじゃない！」「魂が叫ぶんだ」と。それが、

ロックの精神です。ですから、もし抵抗するものがないところで歌っているロッカーがいるとすれば、それは単なるロックのコピーに過ぎないでしょう。

抵抗のない道を歩んでも、意志は鍛えられません。ところが「抵抗がないように、ないように」と生きるのは、どことなく、現代らしさを感じます。

実は、私が大学で受け持つ授業は、年々受講者が減っています。これには理由がありまして、私の授業は課題が厳しいという噂が流れてしまったからなのです。

たしかに、私の授業には無茶ぶりなどの「抵抗」が多い。したがって、ものすごく「意志の力」を必要とする授業内容なのです。「毎週、新書を3冊読んできてください」と言われると、抵抗感がありますね。すると、多くの学生はそこから逃げてしまうのです。しかし、そこを乗り越えた学生は、それ以降スラスラと新書が読めるようになります。

つまり、**昨今では「抵抗」に向かっていける人が少なくなっているのです**。このことを、ニーチェはずいぶん昔から危惧していたわけです。

今の日本では、もちろん全員ではないものの、少なからずそういう傾向があるということを、ぜひ覚えておいてください。

014

愛されたいという要求は、自惚れの最たるものである。

『人間的、あまりに人間的 I』
（ちくま学芸文庫、435ページ）

OI4

愛されていると、自惚れることなかれ

みなさんの周囲に、いわゆる〝かまってちゃん〟はいませんか？　構ってほしいがゆえに、「私、最近落ち込んでいるの……」などと言う人のことです。ちょっと面倒くさいですね。

これと同じように〝愛されたがり屋〟という人たちがいます。わかりやすく言うと、ＳＮＳで「いいね」を執拗に求めるような、承認欲求の強い人たち。シンプルに言えば「愛されたい」という気持ちが強い人たちのことです。

自分は人気がない、という現実に向き合うのは、誰にとってもつらいことです。

これは、私が実際に行った授業ですが、大学の一クラス40名、それぞれに発表をしてもらい、全員の発表が終わったところで「発表が素晴らしかった人」を各人7名ほど選び、名前を挙げてもらいます。

一人が7名ほど選ぶわけですから、のべ280名くらいの名前が呼ばれるわけですが、なかには、ものすごい量の票をとる人もいれば、一票も入らない人もいます。したがって、承認欲求の強い人は、この授業がいたたまれないのです。

そこで、私はこう言います。「優れた人に票が集まるのは仕方がない。それをあまり気にせず、〝他の人を称賛する〟気持ちで心を満たしてほしい」と。

つまり、「自分に票が入らなかった」ではなく、「自分はこの人を選んだ」というところにフォーカスし、拍手で褒めたたえてほしいということです。そして、自分に票が入らなかったことに関しては、拍手をした時点ですべて忘れるように、と。

「愛されたい」と思う人は、こういう場合、傷つきすぎる傾向があります。傷つきすぎて暗くなれば、周囲まで暗い雰囲気になってしまいます。逆に、**自分に票が入らないにもかかわらず、他人を称賛することができる人は、なんとも美しいと思いませんか？**

私は、よく「45歳を過ぎた男性は、どんな人、いや、どんな生物からも人気がない」という話をします（笑）。それでも「愛されたい」と思うのは、「自惚れが強すぎるのだ」と言いたいですね。あるいは「愛されているはずだ」と思い込んでいる人。「あなたが上司じゃなかったら、誰も話を聞きませんよ」と言ってあげたいくらいです。

「愛されたい」と思う気持ち自体が、自立心のなさといえるかもしれません。人に愛されなくても、焦らなくていいのです。「いいね」など、必要ないのです。そう、自分で自分を愛すればよいのですから。

015

おのれの行動に対して
卑怯なまねをしないこと！
あとからそれを
見捨てたりしないこと！
――良心の呵責などは
だらしないことだ。

『ニーチェ全集第十一巻〈第II期〉』
（白水社、339ページ）

このフレーズを見ると、私は、黒柳徹子さんを思い出します。なぜなら、かつて対談をさせていただいたとき、黒柳さんが「反省と後悔は、母親のおなかの中に置いてきた」という旨《むね》のことをおっしゃったからです。

「反省と後悔は違うのでは？」という方もいらっしゃるかもしれません。しかし、基本的に、自分の過去の行動について良心の呵責《かしゃく》を覚えるという点では同じです。つまり、**「あんなこと、しなければよかった！」とおのれを振り返ることはだらしない、自分が過去にした行動を見捨てるようなことはするな、とニーチェは言うのです。**

015 君の過去の行動を、否定することなかれ

また、自分が過去にした行動を否定するということは、過去の自分をも否定し、見捨てることになります。もちろん、「ちゃんと反省しなさい」「後悔して学ぶこともある」と思う方もいるかもしれませんが、そうではないやり方もあるということです。

仮に、「上手くいかなかった」と思うことがあったとしましょう。しかし、自分の過去の行動を否定しないこと。もし、壁に当たって乗り越えられない、これからどうしようと迷った場合でも、「あのとき、こうしていれば」などと自分の過去の行動を否定すること

なく、**とにかく〝さっさと次に行く〟という選択肢があるのですから。**

私個人のことを言えば、黒柳さんと同じく、ほぼ反省と後悔がないタイプです。ただし、「なんで大学院なんて行ってしまったんだろう」「あのときに就職しておけば」などと頭をよぎる瞬間はあります。しかし、頭をよぎった瞬間に、すべてを打ち消して〝さっさと次に行く〟ようにしているのです。

打ち消し方の一つは、「後悔したところで、仕方がない」と認識すること。一歩進めば、「それがあったからこそ、今がある」という考え方ですね。

つまり、大学院に行っていなければ今の自分はいません。同じように、過去のすべての不愉快なことも、全部とりあえず「それがあったからこそ、今がある」精神で、肯定してみるのです。したがって、過去の自分を肯定することができれば、必ず現在の自分も肯定できるということになります。

そもそも、「あのときこうしていれば」「あのときの自分が恥ずかしい」などとすぐに言う人は、少し臆病で、スケールが小さいですね。自分が過去にしてきた行動を〝自分の小さな子どもたち〟とでも考えれば、どんなことでも愛おしく思えてくることでしょう。

脱皮することの出来ない蛇は破滅する。

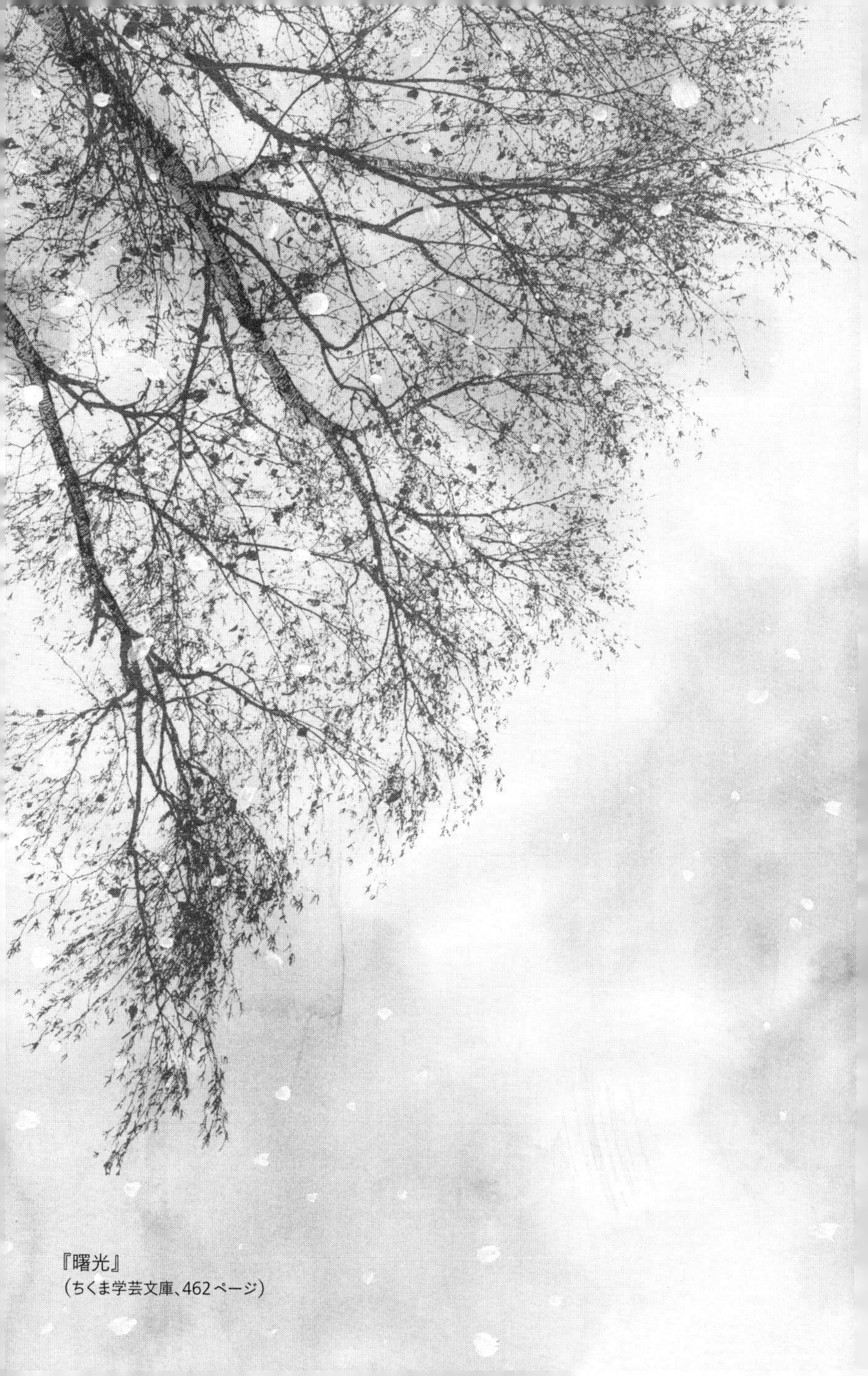

『曙光』
（ちくま学芸文庫、462ページ）

016 自分の殻を脱ぎ捨て、脱皮し続けよ

今ある状態から、常に抜け出していく、脱皮していく必要があるということです。蛇が脱皮すると、抜け殻が残りますね。たとえば、自分が1ヶ月くらい前に書いた文章を読み直して、「なんだか蛇の抜け殻みたい」と思えるくらいがちょうどいいのです。

私自身、過去に書いた本を読み返しますと、「なかなかいいことを言っているな」と思う反面、なんとなく、「もう昔のものだな」と思うことがあります。あのゲーテですら、「自分の書いたものについては冷淡である」と言っているほどです。

過去の自分に対して「後生大事！」と思うのも、それはそれで自己肯定力に繋がる可能性もあるかもしれません。しかし、**いつも脱皮し続けている人の方が、心が新しい感じがします。**ですから、たまにならば同窓会を楽しむのもいいですが、基本的には「昔のことなど知ったこっちゃない」というスタンスでいる方がいいのかもしれません。

たとえば、みなさんはいろいろな場面で写真を撮るかと思いますが、あれも、基本的に

は「撮ってストックした時点で終了」なのです。あとで見返すことは、少ないのではないでしょうか。つまり、写真は、その一瞬に脱皮しているというイメージです。

卒業式などは、その最たるものかもしれません。私自身、学生と写真を撮りますが、なかにはその後、一生会わない人もいるわけです。すると、シャッターを切ったその瞬間こそが脱皮です。その写真を毎日見返している人など、ほとんどいないわけですから。

とはいえ、以前テレビ番組『ぴったんこカン・カン』に出演した際、かつて教え子だった安住紳一郎アナウンサーに「齋藤先生と撮った、卒業式の写真があります」と言われたこともありますので、ときには抜け殻が役立つこともあるかもしれません（笑）。

人間というものは、時が経つにつれ、当然、顔つきや表情も変わっていくものです。しかし、それすら「老けたな」ではなく、「脱皮したんだな」と思うとよいでしょう。「ずいぶん脱皮したなあ」と思えば、感慨もひとしおです。

したがって、抜け出すということがポイントです。いえ、脱ぎ捨てる、といった方がよいかもしれません。仮に「君は、コロコロと意見が変わるね」と言われたら、「いや、脱皮しているんですよ」とでも返してください。

なぜなら、ものの見方も、脱皮し続けるものだからです。

017

さびも要る――

切れるだけが能ではない！

さもないと
君は言われどおしだ――

「若いわい！」


『悦ばしき知識』

（ちくま学芸文庫、28ページ）

「若いわい！」なんて言うと、ちょっと古臭い感じもしますが、仮に、自分は頭が切れると思っている若者がいるとしましょう。その若者が「本来はこうですよね？　論理的に間違いありませんよ」といった具合に話しますと、主張こそ正しくとも、「そうは上手くいかないんだよね……」といった反論を受けることがあります。なぜなら、そこには経験による〝さび〟というものが存在しないからです。

つまり、論理的には合っていても、実際にやってみるとそうはいかないということが、ままあるわけです。あるいは、最初は「え？　何これ」と思うような商品が、消費者のツボをおさえてヒットするようなこともあります。

たとえば、最初は「ただのダジャレ？」と思われたであろう小林製薬の「熱さまシート」というネーミングの商品が、実際には大ヒットして、市場に定着。固有名詞が一般名詞になってしまったというケースは他にもあります。

あるいは、ジャニー喜多川さんのネーミングには、メンバー当人たちでさえ「ありえない！」「これは微妙？」と思ってしまうものもありました。「嵐」のメンバーも当初は驚いたようですが、超絶的な国民的アイドルになりました。つまり「さびも要る」ということなのです。

そのさびは、ひとえに〝経験〟によるものですから、理屈や頭のキレだけで「上は全然わかっていない」「論理的にも間違っている」などと言っていても、仕方がありません。

つまり、「さび」というのは、経験のこと。**経験を重ねることによって、論理だけではない、見えない部分の大切さが見えてくるのです。**

『徒然草』に、「素晴らしい職人は少し鈍き刀を使う」とあります。「妙観が刀はいたくたたず」とありまして、妙観という名工の刀はあまり切れなかったらしい、と。

これは、名工が切れる刀を使うとキレッキレになってしまうため、作品が鋭くなりすぎてしまう。そこで、ちょいと鈍くしておくくらいがちょうどいい、ということなのです。

つまり、あえてなまくらにするといったところでしょうか。

こうしてわざと鈍くしておくということもありますし、経験によって「やりすぎないようにする」ことの大切さを説くフレーズです。切れるばかりが能ではない、ということです。

018

獅子がまっしぐらに、
獲物にとびかかるように、
知識を熱望しているか。

『ツァラトゥストラ』
（中公文庫、22ページ）

018 君は今、熱望しているか

理性は大事だけれど、知識を熱望しているようでなければ。理性的で、落ちついている人は素敵ですが、なかには単に冷静なだけで、思わず「物知り君」とでも呼びたくなるような、〝知識のための知識〟しか持たない人もいます。

一方で、獅子にとっての獲物とは、それを食わなければ生きていけないもの。そのような、獅子が獲物に襲いかかるかのような獰猛さをもって知識を熱望しているか？　「これがなければ生きていけない！」というような思いで本を読んでいるか？　と、ニーチェは私たちに問いかけているのです。

情報社会と言われますが、知識への熱望に溢れているでしょうか。

たとえば、学徒出陣で命を失った林尹夫《ただお》の遺稿集『わがいのち月明に燃ゆ』を読みますと、今すぐにも出陣しないといけない、命を失うかもしれない……、そんなときにでも、洋書を読む人間の姿が描かれているのです。

矛盾しているように思われるかもしれませんが、**死ぬかもしれないからこそ、知識を熱望するのです**。そういった、生命の最期の燃焼と申しましょうか、知識への熱望というものを、私は10代の終わり頃にこの本を通じて知ってしまったものですから、とにかく「勉強しなくては」と思うようになったわけです。

頭がいいとか悪いとか、そういうことは関係ありません。いかに猛烈に何かを欲しているか、ということです。

たとえば、プレイ自体はそれほど上手くないにもかかわらず、ゴールをもぎ取るサッカー選手がいます。彼は、ゴールを熱望しているがゆえに結果を出すのですから、そもそも、熱望していること自体に価値があるわけです。

あるいは、大物歌手のデビュー時の映像を見ていますと、とてつもない輝きがあります。ご本人は「ドキドキします」などと言っているのですが、歌い始めたらとんでもない度胸があるのです。「ああ、この人は、こういう晴れやかな舞台を熱望していたのだな!」ということが、ひしひしと伝わってくるのです。緊張で声が出ないなんてことは、微塵もありません。

したがって、成功や失敗の話ではないのです。本人がそれを熱望しているか、否か……。どうぞ、みなさんもご自身の胸に手を当てて、じっくり問いかけてみてください。

なぜなら、
君は友にとって、
超人を目ざして飛ぶ
一本の矢、
憧れの熱意で
あるべきだから。

『ツァラトゥストラ』
（中公文庫、120ページ）

気の置けない友人と「いやあ、もうなんだかやる気が起きないよ」「かったるいよな」などと言い合うのも、日常的には悪くないと思います。しかし、できれば周囲に一人くらい、「矢のように飛んでいる」友人がいるといいですね。「あの人、久しぶりに会ったけれど、相変わらず矢のように飛んでいたなあ！」と思わせるような、情熱と勢いのある人です。

自分が好きなものに夢中になって「矢のように飛んでいる」人は、どこか輝いて見えるものです。

たとえば、私が中学生のとき、上林先生というライオンのように怖い顔をした先生がいらしたのですが、ある日「私は月に一回、東京にフルートを習いに行っているんだ」と、嬉しそうに話されたのです。教師の中には、どこかで止まってしまう人もいます。しかし、上林先生には、東京にフルートの先生がいて、そこに憧れをもって習いに行っているというわけです。つまり、憧れの対象を持っているのですね。

したがって、生徒からすれば、「憧れに憧れる」といったところでしょうか。学び続ける先生の輝く姿を見て、「いい先生だなあ」と、当時みんなが感じたものです。

何歳になっても夢中になって飛んでいる人がいます。したがって、「飛んでいるか、飛んでいないか」という視点で人を見るといいかもしれません。

なかには「英語は堪能だけれど、英語に対する情熱はもうないんだろうなあ」という英語教師もいますし、「数学を教えることに疲れ、飽きているんだなあ」と感じる数学教師もいます。彼らは、いわば、矢が地面に落ちてしまった状態にあるといえるでしょう。

みなさんも、懐かしい先生たちの顔を思い出してみてください。「あの先生は飛んでいた」「あの先生は落ちてしまっていた」というように、明らかに区別ができるはずです。

こう考えますと、ニーチェの言っていることはリアルですね。ニーチェは「超人を目ざして飛べ」と言っています。**この「超人」とは、今の自分を乗り越えていく人のことです。常に今の自分を乗り越えていく超人状態を目指して飛ぶということが、重要なポイントになるのです。**

したがって、「飛んでいるか、飛んでいないか」という目線を持つことが大切です。自分自身が「超人を目ざして飛ぶ一本の矢」であるかどうか、折に触れ、問いかけてみましょう。

020

お前の立つところを
深く掘り下げよ！
その下に　泉がある！

『悦ばしき知識』
（ちくま学芸文庫、22ページ）

これは、「自分の立っているところ、その下を地獄だと思うのはやめよう。深く掘り下げれば、その下には泉があるはずだ、ひるむな！」という意味合いの言葉です。

この「立つところ」を、みなさんの仕事に置き換えてみましょう。仕事が退屈で、いくらやっても無駄なんじゃないかと思えてくる……。そんなとき、実は、本気で取り組んでなかった、というケースがしばしばみられます。そこで、本気で取り組んでみたところ、「いやあ、仕事が面白くなりました」となるわけです。

020 君の足元を追求すれば、必ず泉がある

スポーツの世界でも、いわゆる練習嫌いの選手がいます。センスはあるのに、練習嫌い。これも、「立つところ」を掘り下げていない状態といえるでしょう。

たとえば、テニスの錦織圭選手もあまり長い練習が好きではなかったらしく、わりと早めに切り上げるタイプだったそうです。ところが、マイケル・チャン氏がコーチになった際、「そのやり方ではトップ10にはいけない！」と、錦織選手の手を抜くクセを指摘し、新たに練習の一つひとつを組み立てていったとのこと。すると、次第に身体が強くなり、

プレイもよい方向に向かっていったのです。

つまり、手を抜かず練習を掘り下げたその下に、泉があったというわけです。

テニスに限らず、よいコーチとは泉のありかを見抜き、「お前は持っている力をすべて使っていない。そこを掘ってみろ。その下に必ず泉があるから」と言ってくれる人のこと。

そして、言うだけでなく、その〝掘り方〟も教えてくれる人。

「ちょっと水が出てきただろ?」「本当ですね」「では、もっと掘ってみろ」「また水が出てきました!」と……。そうできる人こそが、もっとも優れたコーチなのです。

したがって、深く掘り下げていなかったがゆえに、仕事が面白く感じられないということも、往々にしてあるわけです。**勉強でもなんでも、奥まで入り込んだ方が面白いという側面がありますから、物事を表面的に見てはいけません。**

先日、羽田空港を清掃する、ベテラン清掃員の新津春子さんという方のドキュメンタリー番組を見ました。新津さんは、清掃という自分の仕事に自信を持ち、とにかく徹底的に掃除をするわけです。そうすると、そこに泉があった。あらゆるものがピッカピカになり、周囲も助かりますし、ご自身も評価されて一躍有名になられたわけです。

これも、「立つところ」を深く掘り下げた結果、と言えるのではないでしょうか。

021

おまえたちの隣人を
おまえたち自身のように
愛するがいい。
——しかしまず自分自身を
愛する者となれ。

『ツァラトゥストラ』
（中公文庫、381ページ）

021

自分自身を愛することを、学べ

「自分自身を愛する者となれ」とありますが、自分自身を愛するということは、とても難しく、大事な技術だということもまた、ニーチェは言っています。ちなみに、ドイツの詩人・ゲーテも「自分を愛する者とならなければいけない」と、同じことを言っていますから、それほど大切なことだということでしょう。

いわゆる自己肯定力が低い人は、メンタル面での安定感がないため、人に疎まれやすいという傾向を持っています。たとえば、「誰も私のことを理解してくれない」「あの人は好かれていていいよね」といったように愚痴を言い続けると、人は離れていくもの。「いちいち慰めたり、愚痴を聞くのは面倒くさいな」ということになりますから。

そんな、ネガティブシンキングな人に、いきなり「隣人を愛せよ」といったところで、難しいことはおわかりいただけるでしょう。したがって、そういう人はまず、「自分自身を愛する」ことを学ばなければいけません。

そこで、自分自身の愛し方の一つとして、「偏愛マップ」をおすすめします。まずは自分自身を横に置いておいて、自分の好きなもの、自分が熱望しているもの、そういうものを書き出すという作業です。書き出すうちに、自分の〝ワールド〟ができてきて、少なくともそのワールドにあるものには、肯定的になることができるはずです。

つまり「自分自身を好きかどうかはわからないけれども、とりあえず自分のワールドは好き」という状態になります。それだけでも、十分に自分を愛することになるのです。

一人で生きている人間はいません。どんな人もワールドをつくって生きています。好きなものを書き出してみることで、「好きなものが見える化」して、きちんと理解できることでしょう。これも自分を愛する、一つの立派な手段なのです。

そもそも自分の性格を愛するというのは、とても難しいこと。しかし、自分の好きなものなら、愛することができるはず。そして、そのラインナップが増え、それらについて語るとき、「これを好きな自分が好き」という状態になれるわけです。

YouTubeなどのコメント欄を見ていますと、「この人のファンになって、初めて自分を好きになれた！」というものを見かけることがあります。一見無関係のように思えますが、アイドルやミュージシャンを好きになることで、自分自身をも好きになることができるというケースは、案外多いものなのです。

022

人は、愛することができない場合には、
そこを――
通り過ぎるべきなのだ。

『ツァラトゥストラ』
（中公文庫、396ページ）

022

愛せないなら、そこを通り過ぎよ

私は、何らかの問題が発生したとき、「自分でコントロール可能か、それとも不可能か」、この二つを瞬時に判別するようにしています。

そこで、コントロール不能と判断したならば、そこを通り過ぎるしかありません。なぜなら、**どうあがいたところで、他人の意見や行動をコントロールすることはできないからです。**

たとえば、教育というものは相手を変えることができると思っているからこそ行うわけですが、仕事相手は生徒ではありません。つまり、「この人はこのやり方で仕事をしてきたんだろうなあ」という相手の考え方を、私の一存で変えることは不可能なのです。この場合、通り過ぎるしかありません。

ただし、通り過ぎるというのは、無視する、期待しない、ということばかりではありません。無駄に戦わず、相手のやり方で事を行う、ということでもあるからです。

私は以前、テレビのロケが嫌いで、待ち時間が長くなるとどうしてもイライラしていました。ところが、最近では「イライラすること自体が馬鹿馬鹿しい」ということに気づき、一見無駄に思える待ち時間も含めて、そういう「システム」なのだと考えるようになったのです。つまり、その「システム」の中に、たまたま自分が入り込んでしまっただけで、はなから自分がコントロールできる仕事ではない、と理解したわけです。

通り過ぎ方の一つとしては、なるべく関わらないようにする。あるいは、相手のペースに乗って、とにかく、流れに身を任せるというのもいいでしょう。

仮に、相手を愛することができる場合には、そこで戦うのもいいですが、そうでない場合には、さらっとスルーすることがポイント。**目の前に壁があったらすべて乗り越えなければいけないかといえば、そうではないのです。壁を迂回する、というやり方もあるのですから。**

以前、日本を代表するような英語の専門家の方と対談させてもらったときに、その方は数学がまったくできないとおっしゃいました。つまり、それについては「通り過ぎた」というのです。そのときは「数学は通り過ぎて、こんな立派な方になられたのか」としみじみ感じ入ったものです。

ちなみに、「英語がまったくできない人であれば、英語を通り過ぎればいいわけですか？」と問うたところ、「まったくその通りです。どうして英語ができないくらいで思い悩むのだろう」と……。通り過ぎるということは、そういうことなのかもしれません。

行動者だけが
学ぶことが
できるのだ。

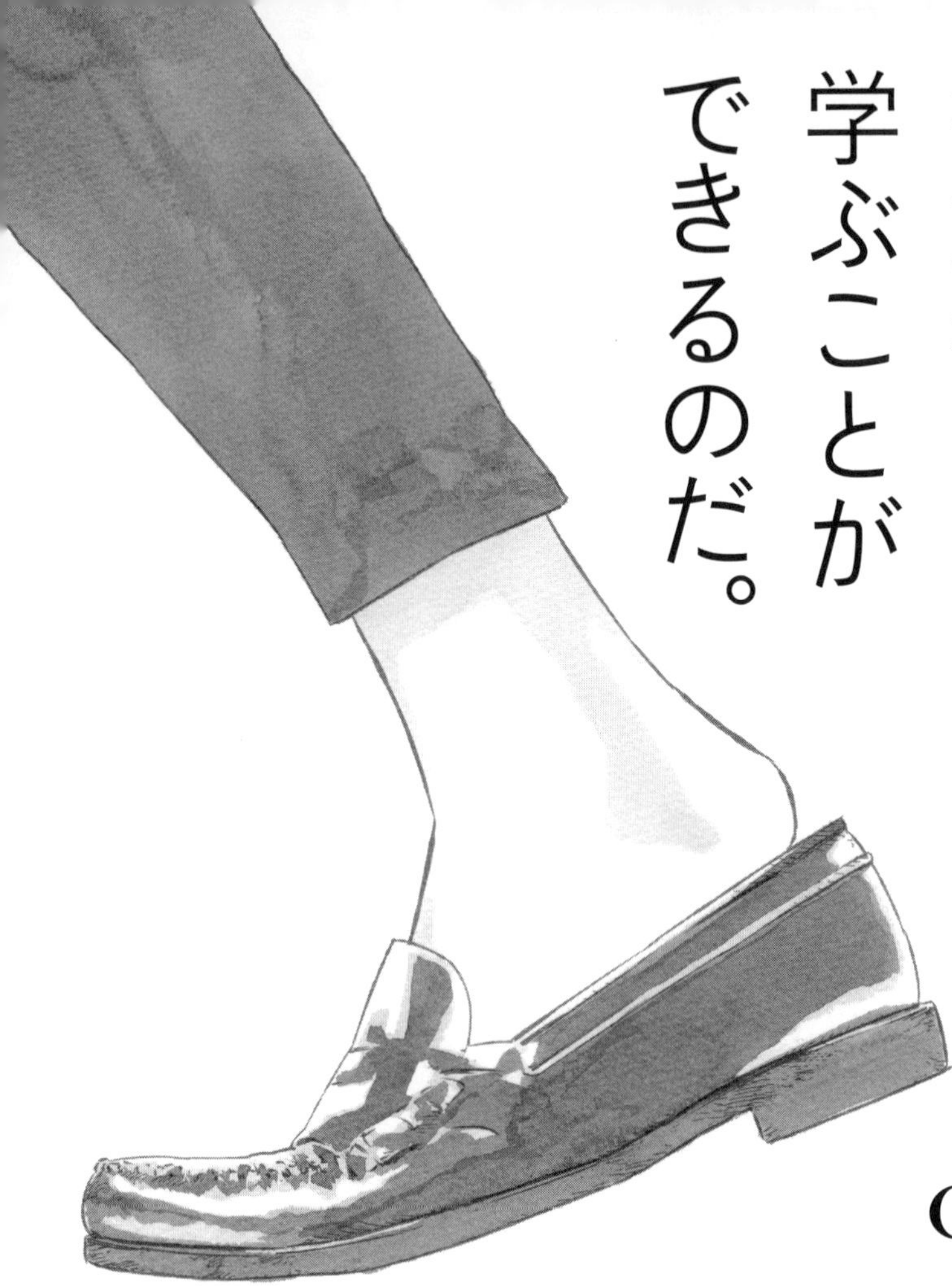

023

『ツァラトゥストラ』
（中公文庫、596ページ）

023 何事も、本気で行動してみよ

「その程度しかできないの？」「あんなこと、誰でもできるよ」などと、批判や口出しはするものの、当の本人は何もしない、という人がいます。どんな些細なことでも、実際にやると、案外大変だということを知らないためです。

学ぶためには、なんでもやってみなければいけません。

たとえば、自分が大勢の観客の前で歌う、または芸をすることを想像してみてください。いつもはテレビの前で「このアイドル、歌が下手だなあ」「なんであんなこともできないんだ！」などと軽口を叩いているみなさんも、多少は尻込みするのではないでしょうか。

どんなことでも、実際に自分がやってみなければわかりません。見ているだけだと、簡単に出来そうな気もしますが、**世の中はやってみないとわからないことだらけなのです。**

私は、自分の考えを話すのは比較的簡単にできる方ですが、〝台本を覚えて話す〟となりますと、非常に難しい。台本というのは、書いてあることをそのまま言わなければいけません。要するに、〝演技をする〟ということです。

したがって、自分の専門外のことをやってみますと、「役者さんや芸人さんってすごいんだ！」と、学ぶことになります。私自身、テレビで見ているぶんには「この役者は演技が下手なんじゃないの？」などと言っていましたが、実際はそれどころの騒ぎではありません。ドラマで何度も主演を務めている人などは、ものすごい強さと力に溢れているわけです。私はテレビに出演するようになって、身をもって、そのことを強く感じるようになりました。

行動者になりたいならば、何でもいいですから、実際に体験してみることです。

たとえば、料理を食べるのは一瞬ですが、仕込みからの流れを見ていますと、「この程度のことでも、これほど手間がかかっているのか！」ということがわかります。お寿司屋さんも、寿司を握るだけではありません。仕入れから考えると、気が遠くなってくるはずです。また、私たちが普段食べている野菜も、農家の方が種を植えて肥料をやり、天候を管理して収穫し、出荷するという、長い道のりを経ているのです。

ちょっとでも、やってみると、わかることが多くあります。つまり、**本気で行動した者にしか学べない世界があるということなのです。**

024

だが、君は君自身を
君自身の炎で焼こうと
思わざるをえないだろう。
いったん灰になることが
なくて、どうして新しく
甦ることが望めよう。

『ツァラトゥストラ』
（中公文庫、138ページ）

024 すべてを捨て、新しい自分になれ

このフレーズのあとには、「孤独な者よ、君は創造者の道を行く」という言葉が続きます。つまり、**何かを生み出し、創造する人は、今までのことをすべて灰にするほどの気概を持って、新たなものを生み出す覚悟が必要だということです。**

たとえば、一度ボツになった企画にこだわり続けるような人がいますね。それでは、斬新な企画など、生まれるはずもありません。とにかく一度灰にしろ、ということです。

まったく違うところから出発することで、「ああ、こういう見方もあったのか」と思うこともあるはずです。それでも、ボツになった企画から学ぶことも大きいでしょうし、実際には、すべてのものを捨てることにはなりません。

あるいは、恋愛でも同じようなことがいえるでしょう。

よくある話ですが、長く付き合っていた人と別れて、何かの瞬間に「あの人どうしているかなあ」「もう一度連絡してみようか?」などと思っていた矢先、相手から「結婚しました」という連絡が入る、ということがあります。相手は、とっくに元恋人を灰に

していたというわけです。

ドラマなどでも、新しい恋愛に向かおうとする人が、自分の過去である思い出の写真、もらったプレゼントなどを、実際に空き箱の中に入れて燃やす、というシーンがありますね。私は実際に、友人が写真を燃やす瞬間に居合わせたことがありますので（笑）、これも、いわゆる〝恋愛あるある〟なのかもしれません。まさに、灰にしてしまうわけです。


先日テレビを見ていましたら、ある美しい女優さんが、過去のいろいろなものを捨ててしまうという話をしていらっしゃいました。ずいぶんきれいな方ですから、昔の写真くらい取っておいてもいいのではと思ったものですが、彼女も自分が新しく甦るために、自身の炎で過去を灰にしていたということでしょう。

昔と違い、昨今では火を使って燃やすと危ないということで、場所などに制限がありますが、昔は小さなドラム缶のようなもので、要らなくなったものを、一日の終わりに庭で燃やしたものです。一日で発生したごみをその日に処理できるわけですから、あの習慣は、人間の精神衛生上、とてもよかったような気がします。

一時期、「断捨離」という言葉が流行しましたが、何かを捨て、デトックスして次のステージに行くということを、人間は本能的に知っているのかもしれません。

025

人生は、そのなかで――
退屈するにしては、
あまりといえば
あまりに短いではないか？

『善悪の彼岸 道徳の系譜』
（ちくま学芸文庫、236ページ）

もし、永遠なる生があるのなら、この世は退屈だと言っていてもいいでしょう。

ところが、時間の流れというものは、歳を経るごとにどんどん早くなっていくもの。若い人は実感が湧かないかもしれませんが、この世は退屈だなんて言っているうちに、人の一生など、すぐに終わってしまうものなのです。

私くらいの年齢になりますと、人生を一日でたとえるなら夕方といったところでしょうか。どうも、正午から夕方になるまで、あっという間だったような気がします。ですから、夜から深夜にかけては、さらに早いのだろうということがわかる。ましてや、午後の途中で人生が終わる、というケースもあるわけです。

つまり、**まさに「明日をも知れぬ我が身」ですから、この世を退屈だなどと言っている暇はありません。**

では、退屈というものをどのように乗り越えればいいかと申しますと、いわゆる〝沼〟にはまってみることをおすすめします。

たとえば、私は高校野球のシーズンには一日に4試合くらいでしょうか、全試合を録画しておき、夜中に見るのですが、これが大変な労力なのです。しかし、沼にはまると毎春、毎夏、一試合だって逃したくありません。

こうなりますと、この世は退屈どころか、時間が足りなくて仕方ないわけです。ちなみに、私は高校野球だけでなく、スポーツ全般が好きなものですから、ウィンブルドンも見なければいけないし、卓球も見る、体操も見る、バドミントンも見るといった具合に、とにかく大変なのですね。また、映画も好きですし、長編小説を読むのも好きなものですから、もう「時間が足りない！　間に合わない！」というのが正直なところ。まさに、あちこちの沼にはまっている状態です（笑）。

仮に、そうこう忙しくしているうちに、突然死が訪れたとしても、「それはそれ」と申しますか、これだけやり切っているわけですから、「そこそこ、やり切ったな」という気持ちになるだろうと思います。「これ以上は詰め込めなかったな」となることでしょう。

したがって、内側から溢れてくるような情熱で、それぞれの沼にはまってみますと、簡単に退屈から逃れることができます。ポイントは、一見退屈そうなものにはまること。なぜなら、刺激的なものは飽きるのも早いですから。

026

どんな風をも
追い風にして
私は帆を張る。

『悦ばしき知識』
（ちくま学芸文庫、21ページ）

026 たとえ逆風であろうが、追い風に変えてゆけ

あなたのまわりに、「この人は、トラブルがあっても元気だなあ」という人はいませんか？　逆風さえも自分の力にするような、そんな力のある人です。

TBSの安住紳一郎アナウンサーは、生放送が好きだそうです。特に、放送時間の長い生放送の音楽番組などは、なかなか段取り通りにいかないものらしいのですが、そんな番組だからこそ好きなのだと話していました。

この場合、トラブルというのは逆風ですね。したがって、安住アナウンサーは、トラブルという逆風を追い風にして帆を張り、進んでいるわけです。

スポーツの世界でも、怪我をした選手の方が、そのあと技術が高くなっていくこともありますし、大学入試に落ちて、最初は逆風と思ったけれども、一年間浪人して勉強したことが、その後の人生に自信をもたらしてくれた、というケースもあります。

つまり、**凪の状態よりも、順風だろうが逆風だろうが、風があった方がいいのです。**風さえ吹いていれば、とりあえず帆を張ることができますから。どんな方向でもいいから、風の吹く方向へ向かう、という手があるわけです。

ホンダの創業者である本田宗一郎の著書に『得手に帆あげて』があります。苦手なことをするのではなく、得意なところで帆を揚げろ、それを伸ばせ、というわけです。少し言い換えると、「得意なことを伸ばしていけば、風を捕まえられるよ」というメッセージでしょうか。

この、「帆を揚げる」というイメージがポイントです。帆を揚げて、帆に風をはらませて前へと進んでいく船には、ポジティブで、よいイメージがありませんか？　その船には、いろいろな風が吹きつけますが、どんな風をも追い風にするのです。

孔子は「三人でいれば、必ず学ぶものがある」と言いました。つまり、優れた人から学ぶように、優れていない人からも学ぶことができる、得るものがあるということです。たとえば、すごく嫌味な人が上司になったとしても、「これで、あらゆる上司の扱い方を会得した」ですとか、ひどい詐欺にあったとしても「次からこういう詐欺には引っかからないようにしよう」ですとか、とにかく、いろいろな風すべてを〝追い風にする〟というわけです。

つまり、順風満帆だけをよしとするのではなく、逆風満帆もまたよしといったところですね（笑）。なんとも幸福感に満ちた、よいフレーズです。

027

ひとは、
相手を軽視しているかぎり、
憎むことはない。
相手を同等もしくは
一段すぐれたものと
認めたときに、はじめて憎む。

『善悪の彼岸 道徳の系譜』
（ちくま学芸文庫、144ページ）

027

気に食わない相手こそが、ライバルとなる

あなたが「あの人は気に食わない」などと思っているとすれば、それはあなたがその人を〝競争相手〟だとみなしていると考えていいでしょう。もし、相手を大したことないと思っているならば、そもそも眼中にないはずです。いわゆる歯牙《しが》にもかけない、というやつですね。したがって、憎むようなこともありません。

つまり、**自分と同等、あるいは少し上位くらいに思っている相手に対して、人はイラッとするもの。**ときどき、「あんなの大したことないよ」などと、他人をけなす人がいますが、それは、相手を一段優れた者と認めているがゆえなのです。本当に大したことない人なら、けなす価値もありませんから。

ですから、よいように解釈しますと「あいつなんて」という競争心や憎しみといった感情は、それらと戦おうとする気持ちでもあります。よい方向に向けば、よい競争心となって、向上心へと繋がっていくでしょう。したがって、「憎しみを持つな」ということではなく、「自分が戦う相手には、敬意を持て」ということなのです。

相手が優れているからこそイラッとすることを自覚し、前向きな向上心に変えていく。

そう考えますと、競争心の処置の仕方、と言い換えることもできます。嫉妬心、競争心の料理の仕方、形の変え方、そして、それらをエネルギーに変えていく方法……。それこそが、ニーチェの技法です。

つまり、**他の人を引きずり降ろして自分と同じレベルにするのではなく、むしろ、その一段高い相手に対して、チャレンジしていく。**そういうライバル関係のようなものです。

こうした競争心の克服の方法として、優れたものに対して、憎しみを持つのではなく、とりあえず絶賛してみるという手法があります。私は大学の授業の中で「自分が憎んでいるもの、軽視しているもの、蔑《さげす》んでいるもの、嫌いなものを一つ挙げてください」と言うのです。そして、次にこう言います。「それを絶賛してみましょう」と……。すると不思議なことに、絶賛しているうちに嫌悪感が減っていくのです。

練習にはテレビがおすすめ。たとえば、若い男性であれば「人気のあの男性アイドル、そんなにかっこいいか?」と言いたくなる気持ちをちょっとおさえて、「○○君はMCが上手だな」「△△君は演技が上手いよね」など、どんどん褒めてみてください。

きっと、あなたの株も上がることでしょう。

028

生存から最大の収穫と
最大の享受とを
刈り入れる秘訣は、
危険に生きると
いうことだからだ！

『悦ばしき知識』
（ちくま学芸文庫、297ページ）

スリリングな人生を生きよ

「最大の享受」とは、楽しいとか、嬉しいといった気持ちのこと。それら「最大の享受」を収穫するためにはリスクも負う、といったフレーズですね。

もちろん、リスクばかりでも問題がありますが、ある意味、そういう危険と隣り合わせのときにこそスリルを感じるということは、みなさんも、おわかりになると思います。たとえば、ジェットコースター。もし、ニーチェがジェットコースターに乗ったとしたら、「これぞ、最大の享受！」とでも叫ぶでしょうか（笑）。

あるいは、バンジージャンプなどもその類いです。本来であれば、命を賭けるほどの危険を伴うものですし、それゆえに、かつては子どもから大人へと変わるための通過儀礼だったわけです。現代でいえば、成人式のようなものかもしれません。

そのほかにも、英雄になるためには、必ず試練があるもの。熱く燃えている火の上を歩くとか、千日回峰行（比叡山）もその一つでしょう。千日回峰行を遂げた大阿闍梨《だいあじゃり》は、熱があると感じても体温計で測ったことがないそうです。理由を問われると、「熱があって休めるなら測りますが、熱があっても休めないから無駄なので測りません」とのこと……。

千日回峰行とは、極めて危険な修行ですが、それだけの享受があるということです。

そう考えますと、千本ノックなども同じかもしれません。普通に考えれば、千本もノックを受けるのは危ないですね。しかし、かの長嶋茂雄氏は「千本ノックをやると身体が軽くなって、本来の身体のリズムが出てくる」と言ったそうです。まさに、千本ノックというリスクを、最大の享受にしていますね。「虎穴《こけつ》に入らずんば虎子《こじ》を得ず」という言葉もありますが、そこまで踏み込んだからこそ、見えてくるものがあるのでしょう。

したがって、**「自分にとってはちょっと難しい仕事かな？」と思ったことでも、実際にやってみることで「収穫があったなあ」「面白かったなあ」ということは多くあります。**もちろん、本当に〝無謀〟ということもありますから、そういうものをちゃんと見極めたうえで、自分にとって収穫があるようなリスク、スリルを味わってみてもいいでしょう。

〝危険〟と言われると「ちょっと怖い」と思われる方でも、〝スリリング〟と言い換えれば、「なるほど！」と思われるのではないでしょうか？　ぜひ、スリリングな人生を生き、最大の享受を収穫してみてください。

029

お前の運命《さだめ》の軌道《みち》をゆけ、
星よ、闇がお前に
何のかかわりがある？

『悦ばしき知識』
（ちくま学芸文庫、51ページ）

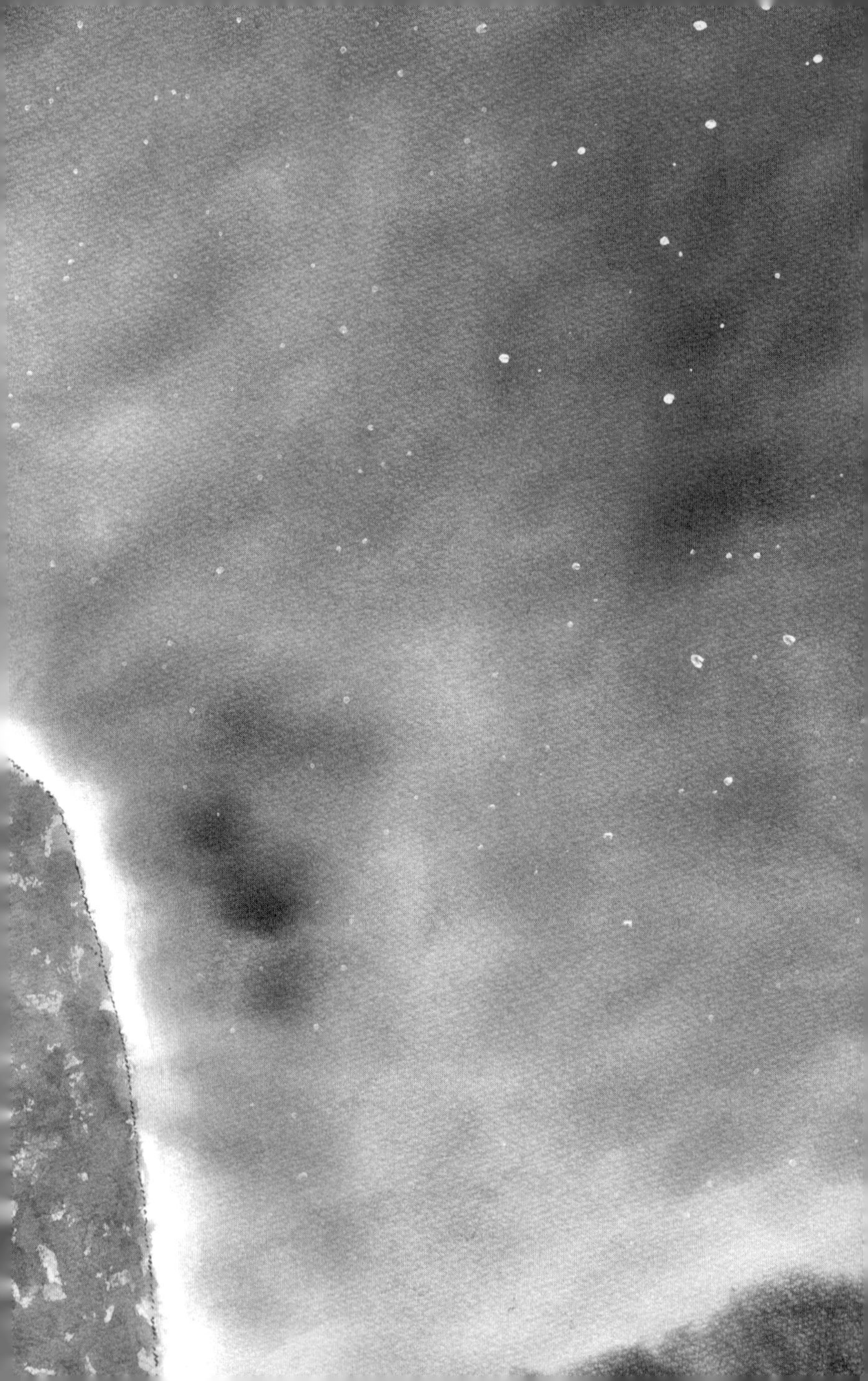

周囲を気にせず、自分の運命の軌道をゆけ

まるで、谷村新司さんや中島みゆきさんの曲の歌詞を彷彿とさせるような、なんともかっこいいフレーズですね。

考えてみますと、谷村新司さんの「昴《すばる》」の歌詞に「我は行く」という言葉がありますし、中島みゆきさんの「地上の星」も、誰も顧みないところで働き輝く人々を、星にたとえて歌った曲です。したがって、あの有名な2曲の歌詞は、なんとニーチェによってすでに書かれていたといっても過言ではありません（笑）。

このフレーズも、素晴らしいメロディをつけたなら、おそらくヒット間違いなしでしょう。そう思わざるを得ないほど、今の時代にフィットした言葉だということです。

星は定められた道、軌道を行きますね。それと同じように、周りの闇とは関係なく、自分の運命によって定められた道を、軌道を行け、とニーチェは説いています。つまり、**周囲の人に同情したり合わせたりするのではなく、自分自身の道を行くことこそが大切だということです。**

また、「闇」とは、否定的なものを表しています。単純に言えば、無、虚無。つまり、意味のないものです。この虚無を相手にするな、というわけですね。

たとえば、何をやっても面白くない、何もやっていられない、となったとき、その人の心自体が闇となります。闇が心を侵食している状態です。**そのような闇に侵食されることなく、自分は自分の軌道を行くのだという、強い心をニーチェは求めているのです。**

以前、中国の気功の先生に聞いたことですが、運命の運とは、天の動きのことだそうです。また、命は個人の命。つまり、天（星）の運行と、自分の命というものが連動したものを、運命というのだそうです。個人の命とは、まさに、天が授けてくれたミッションのようなものです。たしかに、「これが自分の使命、天職だ」と思って取り組むと、ものすごい力を発揮することがあります。

たとえば、陶器やガラス細工の職人であれば、自分は作品をつくることが使命であると考え、「つくり続けて死んでも悔いなし」とする職人気質《かたぎ》といいますか、そう感じられるものが、いわゆる天職です。そういった〝天職意識〟は、運命における一つのポイント。ビビッとくる〝勘〟を大切にすることで、自分の運命の軌道を歩むことができるでしょう。

030

私はおよそ問題でないような問題を
くどくど考えたりしたことは
一度もない――
つまり私は自分を浪費しなかった。

『この人を見よ 自伝集』
（ちくま学芸文庫、44ページ）

これは、なんと『なぜ私はこんなに利口なのか』という章に書かれている言葉で、冒頭の「なぜ私はそもそもこんなに利口なのか？　ということについて書いておこう」という文章の次にくる言葉です。もちろんニーチェは天才ですけれども、自分で言うわけですから、ちょっと笑ってしまいますね。

しかし、考えても仕方のないことについて、いくら考えたところで意味がないということは、たしかに誰もが「なるほど」と思うのではないでしょうか。

030 君のエネルギーは、漏れ出ていないか

利口な人か、そうでない人かを見分けるには、「考えても仕方のないことを考えていないかどうか」ということが、一つのポイントになります。いくら事態がややこしい場合でも、自分に決定権がないことは、いくら考えても仕方ありません。

たとえば、受験の合否は学校が決めますし、裁判の判決は最終的には裁判官が決めること。つまり、学校や裁判官の頭の中身を変えることは、基本的には不可能なわけです。

したがって、くどくど考えても〝堂々巡り〟に過ぎません。この〝堂々巡り〟を延々とやっている人は、利口ではないということになります。**無駄なエネルギーを使い、自分を**

浪費している。ポイントになるのは、この「自分を浪費しているかどうか」です。

ただし、恋愛のように「あの人は自分をどう思っているか」などと、くどくど考えることと自体が楽しいというケースもありますから、「恋愛なんていくら考えてもコントロール不可能だから、無駄！」などと言う人は、ちょっと人生を理解できているとは言いがたいかもしれません。


もちろん、基本的には「こんな企画を出したら、馬鹿にされるかもしれない」など、コントロール不可能なことを考える必要はありません。なぜなら、いくら考えても仕方のないことだからです。「前に出した企画も通らなかったし、今回もダメかも」などという不安すらも「はい、無駄！」というところでしょう。

人の悩みは、そのほとんどが、過去の後悔と将来の不安によるもの。この二つがあるがゆえに、自分を浪費する人が出てくるのです。自分を浪費するというのは、思考のエネルギーが漏れ出てしまい、あたかも漏電のような状態のこと。**この漏電を防ぐためには、何より「今を生きる」ことです。**

余計なことを考えて自分を浪費するのではなく、今この瞬間をいかに「生き切るか」ということにフォーカスしていきましょう。

031

われわれについて語られることを
毎日聞いたり、それどころか、
われわれについて考えられることを
考え出したりすると、
——どんなに強い人でも破滅してしまう。

『曙光』
（ちくま学芸文庫、421ページ）

不必要な情報を、しっかりと遮断せよ

まさに、ニーチェがこのＳＮＳ時代について語っているようなフレーズです。

いわゆるエゴサーチというものをする人がいますが、鋼のメンタルを持っているとしか思えません。私などは、たとえばAmazonを見ていましても、自分の本の情報が見えそうになると、すぐにブラウザを閉じてしまいます。なぜなら、評価となる星の数を見るのが嫌だからです。一人でも「星一つ」というような意見の方がいますと、「俺の前で言ってみてほしい！」といった具合に怒りがこみあげてしまい、私自身がとても疲れてしまうのです（笑）。

講演会の最後にとるアンケートにしても、たとえ２００人のうち１９９人が５段階で一番高い評価をつけていたとしても、一人だけ「普通」とつけている人がいれば、私はその一人が気になって仕方がありません。

私に限らず、人間とは、そんなちょっとしたことが気になるものなのです。

とにかく情報量の多い時代ですから、よいニュースを聞くだけでも精いっぱいのはずです。ところが、そこらへんに鈍感な人が多いようで、みなさん自分にとっての悪いニュースも聞いてしまうようなʺドアの開け方ʺをしているようです。

ドアを開けっぱなしにしていれば、当然、おかしな人も入ってきます。どんな家でも、基本的には戸締りをするでしょうし、寝るときには鍵をかけるはずです。

ところが、せっかく家の戸締りをしていても、スマホからはあらゆる情報が流れ込んでくる。誹謗中傷とまではいかなくとも、「あれ？」と思うようなことが流れてくると、当然、眠れなくなるのです……。

つまり、**多くの人はʺ心の戸締りʺができていないのです**。家なんて鍵をかけ忘れたとしても、ちょっとやそっとでは泥棒は入ってきません。泥棒が入ってくる確率よりもスマホからʺ心の侵入者ʺが入ってくる確率の方が、よっぽど高いのです。

私は、大学の授業で、提出させるプリントの裏面に一言感想を書いてもらうのですが、「ネガティブなことは書かないように！」と念を押すほどにʺ心の戸締りʺを欠かしません。私の精神衛生上もその方がいいですし、その一言で私のモチベーションが下がりますと、学生のためにもなりませんからね。

どのようにして
精神が駱駝になり、
駱駝が獅子になり、
獅子が小児になったかを
述べた。

*義務や抑圧された現状に
立ち向かい戦う、 獅子の時期

『ツァラトゥストラ』
（中公文庫、51ページ）

032

学びたいと思う真理が
抽象的であればあるほど、
それだけいっそう
まずそれを、
感覚に訴えるものと
しなければならない。

『ニーチェ全集第五巻〈第II期〉』
（白水社、33ページ）

032 真理を考えるな、感じろ

このフレーズを前にしますと、いつも最初に思い出されるのが、映画『燃えよドラゴン』の中で、主演のブルース・リーが弟子に言う「Don't think. FEEL!!」というセリフです。つまり、「考えるな、感じろ！」というわけですね。

いわば「感覚の中にこそ本当の力がある」とでも申しましょうか。

身体感覚の中にこそ、真理を捕まえるような力があるものです。

ノーベル経済学賞を受賞した行動経済学者、ダニエル・カーネマン氏の著作に『ファスト&スロー　あなたの意思はどのように決まるか？』というものがあります。つまり、「認識の仕方には、早いものと遅いものの2パターンある」ということなのです。

たとえば、感情というものは、伝達が早い。目の前にいる上司が怒っているかご機嫌なのかは、顔を見れば、どんな人でも瞬時に認識できます。表情というものは、最高かつ最速の伝達手段だからです。

ところが、たとえば議論などで、言葉を用いて真理を扱おうとしますと、どうしても抽象的な表現になってしまうため、認識も遅くなってしまいます。遅くなるどころか、そもそも「何を言っているかわからない」という状況に陥ることもしばしばでしょう。

ここで重要なポイントとなるのが、自分の感覚に引きつけて考えることです。つまり、「自分にもこういう経験あったなあ」といったように、自らの感覚に引きつけて考え、思考してみるのです。そうしないと、表現があまりに抽象的になりすぎて、言葉が宙に舞ってしまうことになるかもしれません。

したがって、何か物事を考えるとき、私たちは、できるだけ自分の感覚に引き寄せて、言葉も感覚に訴えるようなものを用いることが大切なのです。

ニーチェの言葉の強さというものは、人の感覚に訴えるところにあると思います。つまり、他の哲学者と違って、言葉が心に刺さってくる。直接、私たちの感覚に訴えかけてくるわけです。このことからも、ニーチェ自身が、自らの身体感覚というものを大切にし、それを確かめながら言葉を発していたということがわかります。

みなさんも、自分が言葉を発するときに「感覚と言葉にズレがないか?」ということを意識するよう、心がけてみてください。きっと、徐々に自分の感覚にフィットした言葉が出るようになっていくことでしょう。

033

強さの尺度とは、
逆の価値評価のもとでも
生きることができ、
この逆の価値評価を永遠に
繰り返し意欲することに
ほかならない。

『ニーチェ全集第十巻〈第II期〉』
（白水社、16ページ）

言うまでもありませんが、世の中にはいろいろな人がいます。「あの人はメンタルが強いね」という人がいれば「私、心が折れやすいんです」という人もいる。ところが、この「強さ」を身に付ける、獲得するということは、現代社会を生きるには必須となります。

アメリカの小説家、レイモンド・チャンドラーの書いたハードボイルド小説の主人公、フィリップ・マーロウの有名な台詞「強くなければ生きていけない。優しくなければ生きている資格がない」（『プレイバック』）の通りです。

フレキシブルに動く強さを、獲得せよ

たとえば、これまで会社員として勤務し、仕事をしていた人が、一転、フリーランスとなって勝負する。それまでは組織の中でしっかり仕事をしていればいい、という安心感があったけれども、そこから飛び出してフリーランスでやっていくとなると、当然、価値評価も変わってくるわけです。それにもかかわらず、**新しい環境、価値評価の中でも生きていけるとなると、この人は強い、ということになりますね。**

したがって、組織の中に身を置くこともできるし、一人でいることもできる。この両方ができる人は、強いわけです。

仮に、あなたが突然、イスラム世界で生きていくことになったとしましょう。当然、価値評価が違います。食事をするときに左手を使ってはいけないという状況下でも、環境に合わせて柔軟に生きていくことこそが、強さです。つまり、「このやり方でないとダメだ」「あれがないと仕事ができない」と言っているようでは軟弱ということなのです。

私はかねてより美輪明宏さんと親しくさせていただいており、ある舞台を観に行ったあと、いつものように楽屋を訪れました。そこで、恒例のハグをしようとしたところ「ちょっと今日は……」とおっしゃる。「どうしたんですか？」と尋ねますと、なんと右手が3倍以上にも腫れ上がっていたのです。「これね、骨折。複雑骨折どころじゃない、粉砕骨折よ」と……。

つまり、そのような状態で、舞台をいつも通り、難なくこなしていらしたわけです。「どんな環境であろうともやる」という美輪さんのプロ根性に、私は強さを感じました。

人生何が起きるかわかりません。強さの獲得こそは、私たちの人生における必須テーマの一つなのです。

034

嫉妬の炎につつまれた者は、
最後には、
さそりと同様に、
自分自身に
毒針を向けるのだ。

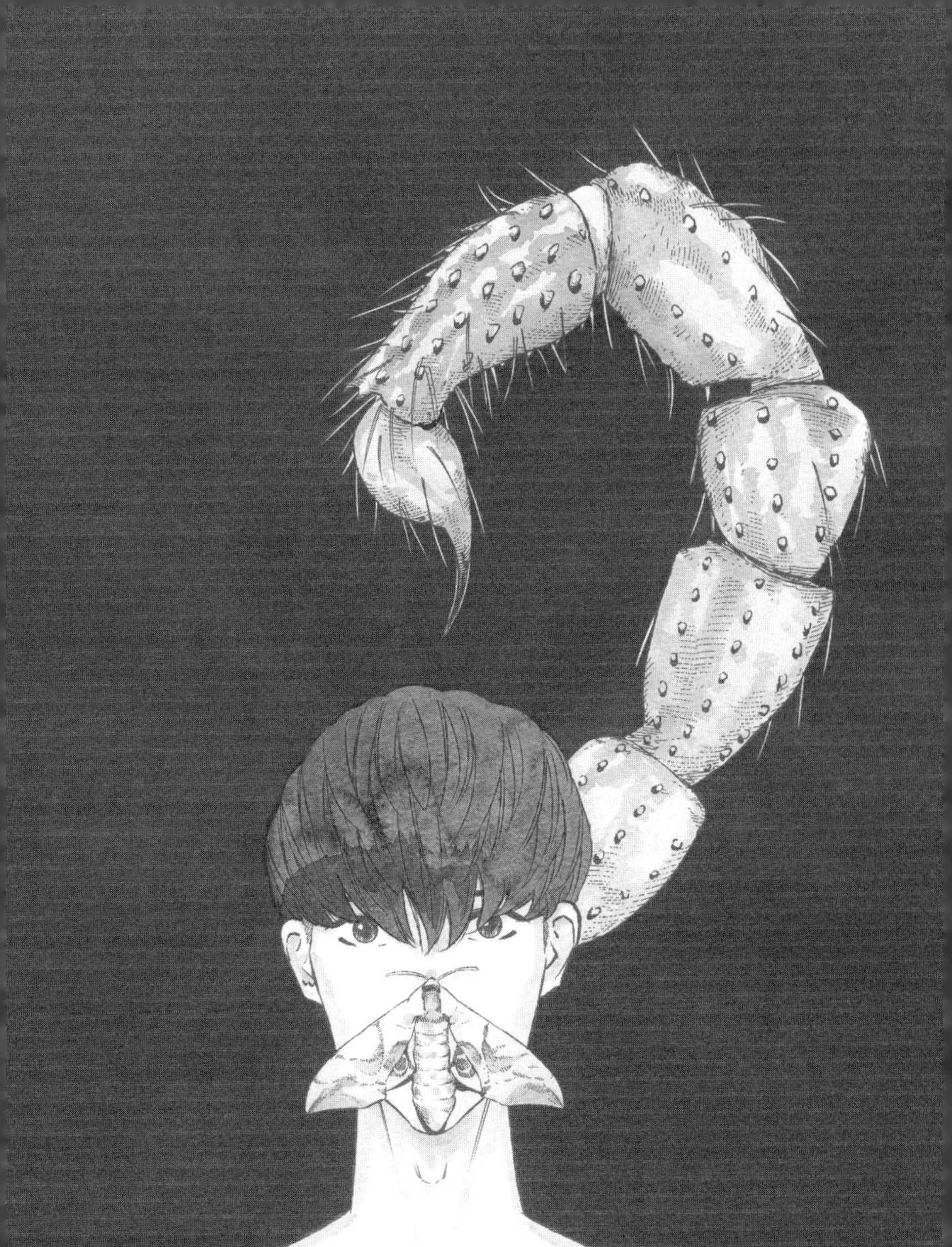

『ツァラトゥストラ』
（中公文庫、74ページ）

034

つまらぬ嫉妬で、身を滅ぼすな

一度読んだら、忘れられないようなフレーズですね。

自分がさそりになって自身に毒針を向けるとありますが、これはまさに、20代の私そのもの。当時の私は「なぜ私が無職なのか？」と、周囲には何の関係もないというのに、自分の周りのエリートたちに対して闘争心をむき出しにして、まさに、自分の毒で自分がやられていたからです。

つまり、**周囲に対する闘争心や嫉妬心に、自分自身が苛まれていたわけです。**体験した人ならおわかりになるかと思いますが、これは非常に疲れます。

本来であれば、そもそも、他の人と比べる必要はありません。なぜなら、自分の人生は自分で選んだものだからです。それにもかかわらず、関係のない他の人にあたるようなことをくり返しますと、友人をなくすだけでなく、自分自身も疲れてしまうのです。

福沢諭吉も、「嫉妬や怨望《えんぼう》ほどの悪徳はない」と書いています。嫉妬や怨望こそがもっとも悪く、自分をダメにするものだ、ということですね。

しかし、なんといっても、さそりという比喩が素晴らしいと思いませんか？　ちなみに私はさそり座。つまり、さそり座の男です（笑）。執念深くはないと思いますが、とにかく自分の中にある毒が大きすぎるのです。一般的には「毒舌」ともいいますが、まさにそれ。誰かを批判しだすと、口が止まらなくなってしまうのです。

ですから、テレビ出演に際しても、本来であれば、私は毒舌が一番得意なのですが、毒舌をやるからには〝技術〟が必要になります。つまり、言ってはいけない毒舌というものがありますから、適宜、加減をしなければいけないわけです。しかし、私にはこの加減ができない……。したがって、テレビでは毒舌を一切排することにし、毒舌を吐くのは講演会だけと決めています。

賢明なみなさんは、自分の口から出たものによって、自分自身が傷つくことがあるのだと、しっかり覚えておいてください。

昨今では Twitter を筆頭に、「そんなこと、言わなきゃよかったのに」という言葉が日々、溢れています。いうなれば、今の時代は全員がテレビに出ているような状況です。バイト先で犯した悪行も、たちまち全国津々浦々に届いてしまう世の中ですから。まさに、さそりが自身に毒針を向けているような状況だといえるでしょう。

自分が毒を持っているということを、ゆめゆめ忘れないようにしてください。

035

いかなる賞賛をも
受けようと思わないこと。
人は誰でも、自分にとって有益なこと、
もしくは自分を
楽しませてくれること、
もしくは自分がせずには
いられないことをするのだから。

『ニーチェ全集第十巻〈第II期〉』
（白水社、28ページ）

好きでやっていることに、賞賛は要らない

「賞賛がほしい」「いいねを押してもらいたい」……。あからさまな承認欲求でなくとも、そういった気持ちは当然、誰の心にもあるはずです。

ただし、いかにも褒め待ち顔と申しますか、どこか物欲しげな雰囲気のある人には、どうしてもさもしい印象を受けてしまうものです。

もちろん、褒め合うのはよいことに違いありません。ただし、やたらと賞賛をほしがっていては、ちょっとかっこ悪いですね。したがって、**「特に褒められなくても構わない。自分は、自分にとっていいこと、自分が正しいと思うこと、自分がせずにいられないことをしているだけなのだから」というスタンスでいる方がかっこいいと思いませんか。**

たとえば、犬があちこちをクンクン嗅いで回っているとしましょう。この場合、犬を褒めたりはしませんね。なぜなら、犬が〝したくてやっている〟ことだからです。

同じように、小説家が小説を書くというのも、〝せずにはいられないことをしている〟だけ。つまり、「小説を書いていてすごいですね」と、わざわざ褒める必要はないのです。

このように考えますと、みなさんが〝したくてやっている〟〝せずにはいられないことをしている〟のであれば、いちいち他人から褒めてもらわなくともいいわけです。あくまで好きでやっているのですから、いいねを押してもらう必要もありません。

もちろん、誰かに褒めてもらいたいという気持ちは否定しませんが、実のところ、特に必要のあることではないわけです。とはいえ、けなされるのも嫌ですから、私は決してエゴサーチをしませんが（笑）。

いずれにせよ、やたらと賞賛をほしがるようではいけません。そうではなく、「自分がしたくてやっていることをする」ということにフォーカスしてみてください。もちろん、多くの人はそれほど強くありませんし、褒めてもらうことで伸びる人がいることも知っています。ただし、この本を読んでいる時点で、みなさんは、すでに立派な強者であるはずなのです（笑）。

したがって、他の人を褒めるぶんには構いませんが、自分が褒めてもらえないからといって落ち込んだりしてはいけません。わざわざ、他人の言葉にお世話にならなくてよいのです。なぜなら、自分が好きなことをやっているだけなのですから。

036

「これこれのことはこうであると私は思う」という価値評価こそが、「真理」の本質である

『ニーチェ全集第十巻〈第II期〉』
（白水社、32ページ）

036 真理に振り回されない、強い意志を持て

「真理」という言葉は、少々危なっかしい言葉です。なかには、「私こそが真理である」「これが真理だ」などと言って、他人を騙す輩《やから》もいます。

この世界がどのようにできているかと申しますと、草も木も生物も、みんな生きようとして生きています。一生懸命、生命として生きているわけです。植物が太陽の光を浴び、上へと向かって伸びていく。もっと力をつけたいと伸びていく。本能的な種族保存の欲求など、様々な力が湧き上がり、せめぎ合い、この世界が形づくられているのですね。「力への意志」のせめぎ合い。それこそが、この世界の本当の姿なのです。

それは、自分という存在を表に出して、戦うのだという意志にほかなりません。植物にしても、隣の葉より自分の方がより太陽を浴びようと、葉っぱ同士が戦っているのです。根っこもそうでしょう。したがって、平等で平和な社会というのは、一見いいようですけれども、戦うという要素を隠してしまうために、真実が見えてこないという側面があります。

もちろん、戦ってどうなるかはわかりません。しかし、そういった強さを求める「私はこう思う」という強い意志こそが、むしろ真理を求める意志に代わるべきものであるはずなのです。

「真理、真理」と言葉にばかり、頭でっかちに振り回されていますと、それこそ真理の前にひれ伏すことになってしまいます。

つまり、いくら真理を探し求めたところで、真理そのものがあるわけではないのです。すべては、自分自身の価値評価に過ぎません。

唯一の真理、客観的な真理など、存在しないのです。そうではなく、**「私はこう思う」「私はこれが好きだ」といった、それぞれの強い意志、価値評価によって、真理が形成されていくというわけです。**

よって、「私は真理を持っていて、あなたたちは真理を持っていない。だから、私の言うことを聞きなさい」などと言う人にしたがっている人は、自分自身の意志を失っているという証拠。そうなる前に、くれぐれも注意が必要です。くり返しますが、「真理」とはあくまで各人による判断、価値評価に過ぎないのですから。

037

決して見るために見ようとは思うな！

『ニーチェ全集第十巻〈第II期〉』
（白水社、53ページ）

037 知識や先入観に、邪魔されることなかれ

「見るために見ようとは思うな」という表現は、少しわかりづらいかもしれません。そこで、もう少しわかりやすく説明してみましょう。

「○○するために◇◇する」という理由づけには、多くの場合、雑念が入っているものです。つまり、意図して何かをしようとすると、気が散って、本筋からズレてしまうというわけです。

たとえば、旅行に行くと、多くの人が写真を撮り、それを残そうとしますね。しかしながら、「あとで見よう」と思っていても、実際に見返すことはあまりないでしょう。

旅行先の景色でも何でも、本当に対象物に没入しているとしたら、「あとで見るために撮ろう」とはしないものです。**なぜなら「見る」という行為の中に入り込んでいるため、写真を撮る余裕も発想もないからです。**

つまり、ニーチェは意図的に何かをすることを、あまりよくないと考えています。ものの見方がまずくなり、わざとらしさが生じる、と言っているのですね。

これはあくまで比喩ですが、ちょっと想像してみてください。

人間が生きています。人間の身体というものは、とても精確に動いています。そこで、「どう精確に動いているのか？」と解剖してみますと、どこまで開いたところで、結局はわからない。なぜなら、その精確に動いていた人間は、すでに死んでいるからです。

同じように、「アングルがよくないな」「前作に比べるとクオリティが落ちたな」など、批評する側の視点で映画を観ていますと、なかなか物語に没入できません。つまり、批評するために観る、ということになってしまうからです。粗《あら》を探そうとして観ていますと、どうしても〝体験〟が欠けてしまいますし、没入することができず、ものの見方がわざとらしくなってしまいます。


したがって、先入観があるということは、あまりよいことではないのです。もちろん、映画の知識がなさ過ぎて映画に入り込めないということもありますが、大抵の場合、思い込みや先入観があると、結果として感想がわざとらしくなってしまいます。

やはり、「生でぶつかれ」「素手でぶつかれ」といいますか、そういうフレッシュな感覚を大切にして、物事にあたりましょう。ぜひ、知識や先入観に邪魔されることなく、新たな〝体験〟をするように、心がけてみてください。

038

多くを見るために、
自分自身を
度外視することが
必要だ。

『ツァラトゥストラ』
（中公文庫、338ページ）

自分の自尊心、つまりプライドが高すぎると、物事を冷静に見ることができません。なぜなら、そこには嫉妬心があるからです。自分以外のものを、簡単に認めたくないという心理が働いているのです。

ところが、いったん自分を度外視してみますと、「この人にはこんなよいところがあるなあ」というようなことが、冷静に見えてくるものです。つまり、**無駄な競争心をなくすことで、見えてくるものがあるわけです。**

038 愛されるためには、自分を外して考えてみよ

宮沢賢治の詩「雨ニモマケズ」の中に「アラユルコトヲ　ジブンヲカンジョウニ入レズニ　ヨクミキキシワカリ　ソシテワスレズ」という一節があります。この「自分を勘定に入れずに」という部分がポイントです。

実際に、私の友人にこのような人がいました。彼は何をするにも自分を勘定に入れません。食事をするときには、みんなの食べたいものを聞き、ササッと頼む。8人いるのに7つしかケーキがないときは、「俺、今ダイエット中なんだよ」なんてうそぶき、さりげなく退く。もちろん、ダイエット中というのはジョークで、そのことを周囲も知っているわけですが、彼の一言で、みんなが遠慮せずにすむのです。今は大きな会社の社長をされて

いますけれども、そういう人というのは、何をやってもみんなに愛されるものです。

したがって、まず自分を度外視してみること。自尊心が強く、「自分、自分！」とばかりに主張していますと、くり返しになりますが、物事を冷静に判断できません。

では、自分を度外視するにはどうしたらいいかと申しますと、**ひたすらに他人を称賛し続けることなのです。**

前述した、大学の私の授業で発表の内容がよかった人の名を挙げるというものも同じです。自分に票が入らなかった学生は傷つくのですが、私はとにかく「褒めたたえることに集中して」と言います。そして、その人のよいところを褒めることに一生懸命になりますと、不思議と、自分に票が入らなかったことすら気にならなくなっていくものなのです。

瞬間的に嫉妬心や競争心が湧き上がったり、自分の利益を優先させようとした瞬間、強制的に「自分は置いておいて」と考えてみる。「そんなことをしていたら損をするんじゃない？」と思う方もいらっしゃるかもしれませんが、意外に周囲は見ているもの。私の友人のように、結果として、みんなに好かれるようになっています。

多くのものを見るために、愛されるために、ぜひ、自分を度外視してみてください。

039

すべての神々は死んだ。いまやわれわれは超人が栄えんことを欲する

『ツァラトゥストラ』
（中公文庫、171ページ）

ニーチェの言葉の中でも、群を抜いて有名なフレーズかもしれません。『ツァラトゥストラ』では、この他にも「神は死んだ、お前は知らないのか」「あの人はまだ知らないのか、神は死んだということを」など、「神は死んだ」という表現がくり返しみられます。

一般的に神々は、私たち人間をはるかに超越した存在として扱われてきました。その神々を敬愛し、恐れおののき、ひれ伏すということは、古来より人間が続けてきた、精神安定のシステムにほかなりません。**つまり、神の存在によって、私たち人間は精神の安定を保ってきたわけです。**

生きていますと、思い通りにいかないことがほとんどです。天候もその一つでしょう。昔は実際に雨乞いの儀式をしていましたし、『万葉集』の時代にも、大伴家持《おおとものやかもち》が雨乞いの歌をつくっています。

人類史からみれば、『万葉集』が編纂された奈良時代など、ついこの間の話ですが、私たち人間は、天候一つとっても、いまだ神々に祈ることしかできないのですね。また、そうすることで、自分たちの心も救われてきたということです。

神なき時代に、君はどう生きるか

当然、神が人間をつくったのではなく、私たち人間が神をつくったわけです。ところが、神が実在するかのように思い、信じ始めますと、「人間には罪がある」などと考え始め、そして、次第につらくなっていく……。つまり、神々が自分たちを〝抑圧するもの〟に変化していくわけです。

たとえば、あまりに素晴らしく完璧な人がいますと、自分と比べようもなく、やる気がなくなってしまうことがありますね。すると、「どうせ自分はダメなんだ」というマイナス思考に陥り、人生を投げ出してしまう可能性もあります。したがって、**神の存在にすがるのではなく、私たちが自分自身を乗り越えていくことこそが大切なんだ、とニーチェは説くのです。**つまり、神なき時代に人間はどう生きるべきか、ということですね。

とはいえ、常に「自分を乗り越えていかなければいけない！」というのも、疲れてしまいます。ですから、たまには神仏を拝んだり、占いを見てホッとしたりということも必要かもしれません。神仏に「感謝しています」「ありがとうございました」などと言いながら、一方で、自分を乗り越えていく……。そのようなスタンスで、「神」と上手く付き合っていくといいでしょう。

040

存在するのは「意欲する」ではなく、なにかを意欲することだけである。

『ニーチェ全集第十巻〈第II期〉』
（白水社、363ページ）

なんとなく「意欲」が存在するわけではない、ということです。つまり、**意欲するということは、なんとなくではなく、必ず〝具体的に、何かに対して〟意欲が湧く、という点がポイントです。**

たとえば、「うちの子、全然やる気がないのよ」と、嘆く方がいらっしゃいます。しかし、その子は〝勉強に対する意欲〟がないだけで、〝ゲームに対する意欲〟は限りなくあるかもしれません。ゲームというと、年配の方はあまりよいイメージがないかもしれませんが、いまやeスポーツとまで呼ばれるようになり、なかには、ものすごくお金を稼いでいる人もいます。ですから、四六時中ゲームをしているようであれば、「ああ、ゲームに対するやる気（意欲）はあったのね」ということになります。

あるいは、一般的に将棋や囲碁の棋士は尊敬されていますね。将棋の羽生善治さんと囲碁の井山裕太さんは、国民栄誉賞をもらっています。すごいことですが、見方によっては、将棋や囲碁への意欲がすごかった結果とも言えます。ならば、将棋はよくて、eスポーツ的なゲームはダメなのか？　という疑問が浮かびます。

040

君が何を意欲しているか、具体的に考えよ

とあるテレビ番組で知ったのですが、24時間も走り続けるような、とにかく走行距離が尋常ではない競技があるそうです。そして、その競技でチャンピオンになった日本人がいるのですが、その方はものすごく足が速いというわけではないけど、とんでもなく長く走り続けることができるわけです。その方はフルマラソンに出場したときに、「どうも短すぎる」と感じたほどだそうです。

その方が、世界大会に出て優勝し、帰国して日本で騒ぎになっているかと思いきや、そうでもない。「それに対してどう思いましたか？」と聞かれると「みんなセンスがないと思いました」と言うのです（笑）。つまり、その人は走り続けるということを意欲していたわけで、それに賭けていました。しかし、日本ではその競技を知らない人の方が多かった、ということに過ぎません。

したがって、「**自分は意欲がない、やる気がない……**」**と嘆くのではなく、**「**単純に、これに対する意欲がないだけでは？**」**と、個別に考える必要があります。**そう考えることで、「でも、○○する意欲はあるかも！」なんてことが見えてくるかもしれません。

041

何だって？
人間はたんに
神の失敗作だって？
あるいは神が人間の
たんなる失敗作かもしれん？

『ニーチェ全集第十一巻〈第II期〉』
（白水社、338ページ）

人間は、神になることはできません。そのため、神の失敗作、出来損ないだといわれることがあります。「旧約聖書」を見ても、知恵の実を食べたということで「ろくでもない」と、楽園から追い出されるわけですね。しかし、よくよく考えてみれば、そのとき神は人間が知恵の実を食べたことを恐れたわけです。つまり、「自分たちに逆らうのではないか?」と思って追放した、とも考えられます。神にとっては、人間こそが〝脅威〟だったのです。

人間こそが、神にとっての脅威である

しかし、本来は神が人間をつくったのではなく、人間が神をつくったわけです。そうしますと、神の方が人間の失敗作、といえるかもしれません。まさに、逆転の発想ですね。

要するに、神というものをつくったことで、人間が解放されるのであればよいのですが、逆に抑圧されているとすれば、まさに本末転倒というわけです。つまり、**人間をもっと元気にし、強くし、解放した状態に導く神であればいいのですが、「あれをしちゃダメ、これをしちゃダメ」とばかりに抑圧し、まるで押し込められたように窮屈な状態をつくるようであれば、神としての本来の機能を果たしているとはいえません。**人間たちが抑圧された状態の中で一生を過ごすともなれば、そんな神は失敗作ということです。

したがって、このフレーズは、神と人間の関係を問い直すような、衝撃的な言葉なのです。しかも、無宗教の人がこれを読めば「なるほど、そうか。面白い考え方だ！」と思うかもしれませんが、西洋において、ほとんどがキリスト教徒という状況の中でこの言葉を出しますと、簡単に「その通り！」とはなりません。つまり、不謹慎だというわけです。しかも、ニーチェの生きていた時代を考えますと、非常に過激で、衝撃的なものの見方であったといえるでしょう。

この言葉の発想の根本として、「人間を抑圧する、このおかしな力は何だ？　そんなものはいらない！」というニーチェの思想があります。しかも、ニーチェは「自分がキリスト教徒であったことは、生涯で1時間たりともない」と言うほど。つまり、あの時代の西洋に生きながら、原罪など考えたこともないというわけです。原罪とは、私たちは、知恵の実を食べた人間の子孫ですから、生まれたときから罪を背負っているとする考え方のこと。そして、それをなんとかするのが救世主というわけです。

しかし、ニーチェからすれば「そもそも神が何とかしてくれるなんて変じゃないか？」ということなのですね。いかにもニーチェ、といったフレーズでしょう。

042

怪物と闘う者は、
そのためおのれ自身も
怪物とならぬよう気をつけるがよい。
お前が永いあいだ
深淵をのぞきこんでいれば、
深淵もまたお前をのぞきこむ。

『善悪の彼岸 道徳の系譜』
(ちくま学芸文庫、138ページ)

「モンスターと闘う者は、自分もモンスターとなってしまう」ということですね。

「この人は本当にひどい人だ！」と憤慨し、復讐したいと願ったとき、自分もまたモンスターになっているということに、みなさんはお気づきでしょうか？　相手がレベルの低い言葉を言ってきたとき、自分もまたレベルの低い言葉を返してしまうようであれば、自分もモンスターと変わりない、ということなのです。

042 妄想の怪物とならぬよう、気をつけよ

たとえば、本来であれば簡単なことを、わざとわかりづらい表現で書く人がいます。ちょっと格好つけているのかもしれません。そういう人を一種の怪物だと考えたとき、知らぬ間に、自分もそうなっているということがあります。

私は一時期、大学入試で出題されるような難しい文を読みすぎたせいで、自分の書く文章まで同じようになってしまったことがあります。さんざん「小難しい文章を書くやつはダメだ」と思っていたにもかかわらず、いつの間にか飲み込まれていたというわけです。

その次の「深淵をのぞきこんでいれば、深淵もまたお前をのぞきこむ」とは、自分の悪

い部分を見すぎてしまうと、そちらの方に取り込まれてしまうということです。

ときどき、罪を犯すような人の中には、一人で部屋にこもって深淵を覗き込んでいる人がいるわけです。一人でいる間に妄想が膨らんでしまい、突発的な行動にうつってしまうのですね。

このような、犯罪手前のグレーゾーンにある人は少なからずいるもので、私のところへも意味不明で不快な手紙が来ることがあります。あるとき刑事さんが来て、「こういう人物を捕まえたところ、先生にも脅迫めいた手紙を出したというのですが」と。そういえば、私宛に『処刑リスト』に載りましたというような手紙が来ていました。

そして、面白いのが、刑事さんいわく「しかしこの人、先生のファンらしいんですよ」ということなのです。彼もまた、深淵を覗き込みすぎたのでしょう。

シェイクスピアの戯曲『オセロ』にも「嫉妬というのは、緑の目をした怪物（グリーンアイドモンスター）だ」という一節があります。つまり、**嫉妬心に飲み込まれると、嫉妬の怪物になってしまう。**そういうことがあるわけです。

みなさんも、くれぐれも深淵の嫉妬や妄想に飲み込まれないように。

043

情熱を、それを弱めたり
根こそぎにしたりすることなく、支配すること！
われわれの意志の支配者としての力が
大きければ大きいほど、それだけ多大の自由が、
情熱に与えられるわけである。
大いなる人間とは、彼の欲望の
自由に跳梁する範囲が大きい人間である。

『ニーチェ全集第十一巻〈第II期〉』
（白水社、349ページ）

情熱を弱めることなく、支配せよ

これは、「情熱をなくせ、欲望をなくせ」といっているわけではありません。そうではなく、「情熱や欲望を支配せよ」という意味合いの言葉です。

仮に、車の運転にたとえてみましょう。トップクラスのドライバーならば、時速200キロに達するF1車を運転することができます。しかし、あの車に私たち素人が乗れば、間違いなくクラッシュすることでしょう。つまり、運転がものすごく上手いからこそ、あれだけの時速が出る車を、運転することができるわけです。

それと同じく、意志が強ければ、情熱を強くすることができます。少々言い換えますと、意志の力が鍛えられていない人は、情熱が暴れだすのが怖いために、情熱の力も小さくなってしまうのです。つまり、意志の力によって、情熱をコントロールすることができないのです。

したがって、一般的には情熱が先に存在するように思いますけれども、ニーチェは意志の力を鍛えることが先である、というわけです。意志の力を鍛えることで、様々な情熱を自由にすることが可能になるというわけですね。

そして、「大いなる人間とは、彼の欲望の自由に跳梁《ちょうりょう》する範囲が大きい人間である」というのは、情熱というものを弱めたり根こそぎにすることなく、もっと情熱をコントロールしろということです。その制御力があるからこそ、思い切ってアクセルを踏むこともできるわけです。ブレーキが弱ければ、思い切りアクセルを踏むことはできませんから。

よく、初心者マークをつけた車がそろりそろりと走っていて、逆に危ない、ということがありますね。ちゃんと加速し、ちゃんとブレーキを踏む。それをしなければ、かえって危ないということになります。

つまり、**情熱が暴れだしたとき、それをコントロールできるかどうかが肝心。**

たとえば、依存症になるかならないかについても、そのあたりがポイントになってきます。依存とは、意志の力が及ばなくなり、コントロール不能になっている状態。つまり、欲望に飲み込まれている状態のこと。ところが、意志の力さえ強ければ、きちんと欲望をコントロールすることができますから、依存することもないわけです。

「やめられない」依存症に陥る前に、ぜひ、意志の力を鍛えるようにしてください。

044

意志は救済する。
何もすることが無い者は
無が、その心をわずらわす。

『ニーチェ全集第十二巻〈第II期〉』
（白水社、63ページ）

やるしかないという意志が、君を救う

人間というものは、何かに没頭しているときに、虚無感に襲われることはありません。

たとえば、「これを明日までに仕上げなければいけない」と動いているときには、他のことを考える暇もないはず。とにかく「やるしかない」からです。

一見大変そうに思えるかもしれませんが、この「やるしかない」状況が連続しているとき、人は意外に調子がいいものです。たとえば、準備はしっかりできていないけれど、明日にはプレゼンが控えているとなれば、「やるしかない」。**この「やるしかない」という意志こそが、自分を救済してくれるのです。**

一方で、何もすることがないときにこそ、〝無〟が襲ってくるもの。すべてを〝無〟に変えてしまう、恐ろしい微生物がいると考えてみてください。世界の美しい色を、すべて灰色に変えてしまうような微生物です。それが心に巣くってしまうとしたら、怖いですね。心が灰色になってしまいます。

「何も楽しくない、面白くない、やりたくない、向上心がない」状態。これらは、〝無〟

に侵されている証拠です。もはや心が〝死んだも同然〟といえるかもしれません。

たとえば、太宰治という作家について、その生き様などから、一見、虚無的な人物だと思われる方も多いことでしょう。ところが、作品を読みますと、実にいろいろな情熱や欲望に突き動かされていることがわかります。つまり、作品自体に力が溢れているのですね。

太宰の作品の一つに『トカトントン』というものがあります。何かを真剣にやろうとすると、トカトントンという音が聞こえてきて、その瞬間、すべてに意味がないように思え、虚無的になってしまう男の話です。男は、戦争が終わった瞬間にそれが聞こえてくるようになったというのですが、何をしようとしても虚無感に襲われる。そこで、男は「私はどうしたらよいでしょうか？」という手紙をある作家に送るのですが、作家は「あなたはのんきな人ですね」と返事を書くのです。

何かを意欲して行っているときは、虚無感に襲われることはありません。そのことを知っていた太宰だからこそ、作品中の作家に「(何も意欲的に行うことがない）のんきな人ですね」と言わせたのかもしれません。

045

「さあ、上機嫌でやろう」と、
ツァラトゥストラがそれに答えた。
「このわたしのように。あなたの習慣を
まもるがいい、すぐれた人物よ、
あなたの穀物の粒を噛み、
あなたの水を飲み、
あなたの料理を褒めるがいい、
それがあなたに楽しいなら。

『ツァラトゥストラ』
（中公文庫、637ページ）

私は過去に『上機嫌の作法』（KADOKAWA）という本を書いたくらいですから、上機嫌であることはもちろんよいことだと考えていますし、「上機嫌」と書かれたTシャツをつくったことがあるほどです。しかも、このTシャツを着て子どもたちを教えていると、上機嫌でいられます。なぜなら、少しでも私が不機嫌になるやいなや、子どもたちが私のTシャツを指さすからです（笑）。

したがって、上機嫌というものは、やってみると気分のいいものだということを、私は自らの体験を通じて知っています。何より「明るい哲学だな」と思うわけです。哲学といいますと、みなさん深刻で難しいものを想像されるかもしれませんが、一言で言うなら「さあ、上機嫌でやろう」でいいのでは？　と思うほどです。

上機嫌とは、軽やかであるということ。ニーチェのいう「祝祭」という言葉のイメージです。このフレーズのあとに、「戦いと祝祭を喜ぶ者でなければならない。陰鬱な者、夢におぼれる者であってはならない」という言葉が続き、ニーチェは戦いと祝祭を求めていることがわかります。

戦いと祝祭というのは、どちらも非常にテンションが上がるものですね。

たとえば少年漫画には、戦いと祝祭をテーマにしているものが多い。少女漫画に多い恋愛ものにも、ある意味戦いと祝祭があります。そういうものを楽しんでいますと、簡単にいえばテストステロンとアドレナリンという物質が脳内を巡ってテンションが上がります。

ちなみに、これは医師が言っていたのですが、紙の本や漫画を読んでいると、ページをめくるときに脳の中でエンドルフィンが出るそうです。エンドルフィンというのは、脳内で分泌される快楽物質です。

もちろん、穏やかな生活もいいですが、生活の中に多少は戦いと祝祭があるといいですね。**あらゆる場を戦いに、あらゆる場を祝祭にしようと考えていきますと、まるでゲームのようで楽しいと思いませんか？**


そして、自分が上機嫌になる方法を、一つでも多く持っておくとよいでしょう。ビール一杯で上機嫌になる人もいるでしょうし、温泉に行くと上機嫌になる人もいる。このように、肉体に直接働きかけるものは効果が大きいのです。また、音楽も人を上機嫌にしますから、音楽を聴いて上機嫌を保つのもいいでしょう。

ぜひ、自分が上機嫌になるスイッチは何なのか、探ってみてください。

046

最もよく笑うものは、
また最後に
笑うものでもある。

『ニーチェ全集第十一巻〈第II期〉』
（白水社、339ページ）

046

笑うが勝ち

とにかくニーチェは、笑うということが好きです。いわゆる哄笑《こうしょう》と申しますか、口を大きく開けた笑いです。『ツァラトゥストラ』の中でも、「これからは笑おう、みんな笑おう」というようなことを言っています。ご機嫌でいよう、ということですね。

そこで、このフレーズですが、「最もよく笑うものは、また最後に笑うものでもある」ということは、笑う者が一番強い、と言い換えることができます。つまり、最後に勝っている、最後に残っているもっとも強い者は、よく笑う者である、というわけです。

笑うということは、まさにリラックスしているということ。なぜなら、リラックスしていない、解放されていない状態では、人はなかなか笑うことができません。ずっと緊張している人も笑えませんし、ずっと不満を抱えている人も笑えない。

したがって、〝笑える状態である〟ということが、何より大切なことなのです。

私は講演会や授業で頻繁にジョークを飛ばすのですが、みなさん〝真面目風〟な顔をして聞いているわけです。真面目なことを言ってもジョークを言っても、どちらでも表情が変わらない……。

そういう様子を見ていますと、たまらなくなって「すみません、今のはジョークなのですが、真面目に聞かれてしまいますと、あたかも私が本気でそういうことを言っているようで、つまり、完全にすべったことになるわけですね。みなさんが笑うことによって、初めてこれがジョークだという共通認識ができるのですよ」と言うのです（笑）。

笑えない理由には二つありまして、一つはジョークであるということが理解できない知性の欠如、つまり文脈を理解していない場合です。ジョークを理解するにはある程度の知性が必要ですから、この場合は致し方ないとしましょう。

しかしもう一つ、完全にジョークだとわかっていて笑わない場合、これはマナーができていないということになります。なぜなら、たとえ面白くないジョークでも笑うのが大人の礼儀ですから。つまり、社会性としての笑いというわけです。私の経験上、特に、男性は重油のごとく重いと申しますか、なかなか笑わない頑なな方が多いようです。

対して、女性は軽やかな人が多く、とにかく笑ってくださいます。それは、彼女たちが賢く、強いということにほかなりません。男性諸氏は、くれぐれも女性に負けぬよう、たくさん笑うようにしてください。

047

ああ、人間における
最悪といっても、
なんと小さいことよ。
ああ、人間における
最善といっても、
なんと小さいことよ

『ツァラトゥストラ』
（中公文庫、492ページ）

047 君の悩みは、なんとスケールが小さいことか

これは、ニーチェの思想の一つ「永劫回帰《えいごうかいき》」と深く関わる言葉です。「永劫回帰」について簡単に述べるならば、すべての事象が永遠に同じようにくり返されるということ。つまり、最小のもの、くだらないものでも、永遠に回帰してしまう、ということです。

ニーチェは、どんなにすごいと言われている人でも、まだまだせこい、小さな嫉妬心を抱える人も多く、人間というものはなんてみすぼらしいものなんだろうと、思ったわけです。しかも、それが永遠にくり返されてしまう……。

「みんなくだらない、大したことない、ろくでもない、才能もないくせに」というような感情を抱いた、レベルの低い、攻撃的な人間がいるとしましょう。少なからず、心のどこかにこのような感情を持つ人はいるのではないでしょうか。しかも、そのレベルの低い人が永遠に周囲に存在するとしたら、余計嫌ですね。

しかし、このとき「それをも迎え撃つ」という心意気を持つのです。つまり、嫌なもの**だけれども、それが運命であり、無限にくり返されるのであれば、それを受け入れるしか**

ない、といった覚悟です。

そして、受け入れるということは、永遠にその最小の、つまらないものがくり返される、何回生まれ変わっても、そのレベルの低い人に囲まれるということに対して、「もうわかった、永遠にくり返されるならば、かえってあきらめがつく」と、覚悟することです。

ですから、ニーチェの書『人間的、あまりに人間的』というタイトルにも、人間というのはなんとちっぽけなものだという諦観《ていかん》、そして、絶望や倦怠が含まれています。最悪や最善などといったところで「スケールが小さい！」ということですね。

スケールの大きなことにチャレンジした芸術家、たとえばゴッホなどの作品を見ますと、どこか突き抜けている感じがします。ゴッホの描く絵は、きれい、美しいといった範疇《はんちゅう》を突き抜けています。そういう人こそが、ニーチェのいう超人なんですね。自分を、そして常識をも乗り越えている。そんな超人であるゴッホは、最期まで絵が売れませんでした。しかし、自分が理解されない状態にあっても、最期まで描き続けたわけです。

たとえば、そんな〝超人〟ゴッホの生き方を考えますと、私たちの悩みなど、なんだかちっぽけなものに思えてきませんか？

048

ここに雷雲が垂れこめている。
しかしそれが、
われわれ自由な、
軽薄な、陽気な精神が
楽しい一日を過ごしてならない
理由になるだろうか？

『ニーチェ全集第十巻〈第II期〉』
（白水社、268ページ）

君は、自分の機嫌を環境のせいにするのか

みなさん、自由で陽気な精神というものをイメージしてみてください。それは、世の中が不景気だとか、自分が仕事で評価されていないだとか、周囲のいかなる環境にも、一切、左右されないものです。

ニーチェは、雷雲が垂れ込めているのを見たとき、はたしてそれが、私たちが楽しい一日を過ごしてはいけない理由になるのか、と問いかけます。もう少し強く言うならば、「君は、自分の機嫌を、環境のせいにするのか？」ということですね。**いかなる環境にあっても、自由で、陽気で、軽やかでいるべきだ、というメッセージなのです。**ちなみに、「軽薄」とありますが、これは「軽やか」といった意味合いにとってください。

一般的に、暗い場所にいると、自分まで暗くなってしまうように、多くの人は環境の影響を受けるものです。でも、ニーチェは「そうじゃないだろ？」と問いかけます。

ちなみに、私は仕事中に自分自身を暗い場所に置いたことはありません。どういうことかと申しますと、たとえどんなに暗い場所であったとしても、私がいる場所は、どんどん明るく、ご機嫌に変化していくからです。もちろん、自分が陽気だと思っているだけで、

学生たちは「いやはや、参った」と思っている可能性もありますが（笑）。

仮に、「自分だけは、いつでも気持ちが晴れている」という人がいるとしましょう。その一人の気持ちや雰囲気が晴れ渡っていますと、だんだんと、周囲の空気も変わっていきます。「ああ、この会社は停滞しているなあ」というときでも、明るく軽やかな人が一人いるだけで、徐々に社内の空気が変わってくるものですね。

たとえば、ゴルフの全英女子オープンで優勝した渋野日向子選手は、みんなが緊張するような場面でも、お菓子をもぐもぐ食べて、ご機嫌です。しかも、プレイ中にもかかわらず、観客とハイタッチしながらコースを回るのです。彼女の、こうした内側から溢れる笑顔によって、どんなにプレッシャーがかかって重くなるような場面でも、そこだけパーッと晴れ渡っているのですね。

そんな彼女の自由で陽気な精神には、イギリス人もびっくり。結果として超人気者になり、〝スマイルシンデレラ〟とまで呼ばれるようになりました。

ニーチェは、そんな彼女のように、プレッシャーや重い空気の中でも軽やかでいること、周りに影響を受けないことが大切だと言っているわけです。

049

体得された自由の印は何か？
——もはや自分自身に恥じないこと。

『悦ばしき知識』
（ちくま学芸文庫、285ページ）

人と比べて恥じたりせず、本当の自由になれ

みなさんに「自由について、知っていますか？」と問えば、「知っています」と返ってくることでしょう。「自由を体得している人はいますか？」と問えば、「はい」と答える人もいるかもしれません。ところが、「では前に出て、みなさんの前で英語のスピーチをしてください」というと、「嫌です、恥ずかしい」となる……。

これでは、自由を体得していることにはなりません。

なぜなら、自分を恥じている間は、まだ何らかの〝束縛〟があるということだからです。自分を恥じるということは、「他の人と比較したらどうだろう？」という気持ちがあるということ。それが自身を束縛するのです。つまり、他の人に見られて評価をされたら、自分は少し低めに見積もられてしまうんじゃないか、という心配なのです。この心配をいっさい取り除いたところに、自由はあるのです。

『ツァラトゥストラ』には、「〇〇からの自由」ではなく「〇〇への自由」を考えろと書かれています。どういうことかと申しますと、**人は、何かを求めることで初めて自由になれるということです。**自分自身が何かを追い求めているとき、自分自身を恥じるというこ

とは少ないのではないでしょうか。

たとえば、歌手になりたいと心から願い、毎日カラオケで練習しているとしましょう。そんなとき、誰かに「歌手になんてなれっこないよ」と言われたとしても、「歌手になりたいと思っている自分は恥ずかしいなあ」とはならないと思います。なぜなら、「歌手への自由」を獲得しているからです。したがって、歌い続けている自分を恥じることはありません。自分は歌手という道へ向かって、向上心を持って突き進んでいるだけだからです。

これこそが、本当の自由なのです。


「○○からの自由」ではなく「○○への自由」という点がポイントです。自分が好きでないという人は、まだ自由になれていないといえます。「私の鼻が嫌い、声が嫌い、考え方も嫌い」などという人は、「自由じゃない！」といったところです（笑）。

そういう意味では、『五体不満足』で有名な乙武洋匡さんはすごいと思いますね。手や足がなくても一遍も卑屈にならないどころか、堂々としています。以前対談した際、私が「手足が冷えると不機嫌になりやすい」と言うと、「そうか！　僕は手足が冷えないから、上機嫌なんだ」と笑っていました。

自分を恥じない。これが、ニーチェ流「自由の人」なのです。

050

相変わらず
大ていの場合
愛にはあの
古い荒療治が効く。
愛し返すことである。

『曙光』
（ちくま学芸文庫、353ページ）

050 自分はひたすら愛するのみ、と心得よ

誰もが「愛されたい」と願っています。褒められたい、SNSで「いいね」を押してもらいたい……。このように、自己肯定感の不足を、愛されることや「いいね」で補おうとしているのです。

ところが、ニーチェはこうした人たちを弱いと考えます。

では、「愛されたいのに、愛してもらえない」という痛みがあったとき、いったい私たちはどうすればいいのでしょうか？　それは、**相手の愛情は自分のコントロール外であると割り切って、考えること自体が無意味であると、自覚することにほかなりません。**つまり、「自分はひたすら愛するのみ」ということです。

いわゆる相手を束縛、監視してストーカーのようになってしまう人がいますが、彼らは相手を「愛し返す」ことができない人たちだといえるでしょう。愛するということは、相手を気遣うということにもかかわらず、その気遣いがないわけです。「私はあなたが好きです。あなたの時間を全部ください」では、単に〝奪う人〟ということになります。

また、失恋をしたとしましょう。つまり、自分は相手が好きだけれども、相手は自分を

選ばなかった。誰しも人権として選択の自由がありますから、仕方のないことなのです。

このように、相手に愛し返してもらえない……というケースの場合はどうするのかと申しますと、〝相手を変える〟ということになります。不思議なもので、人や場所が変わっても、エネルギーというものは同じく湧き出るものです。

「この世にこれほどの犬はいない！」と思うほど溺愛していた犬を亡くしたとき、親が死んでも泣かなかった私が、とうとう涙を流しました。そして、亡くなって1週間が経った頃、犬がいないという状態に耐えられなくなり、ペットショップに一匹だけいた犬を連れて帰ったのです。そしてやはり、前の犬と同じく、溺愛することができました。つまり、「この人（犬）しかダメ！」ということはないのですね。

愛したいという気持ちが溢れ出ている状態でいると、人間は苦しいものです。「好きだ、好きだ！」という気持ちが積もり積もって、つらくなってしまうからです。

したがって、そのエネルギーの行き場所、対象を見つけてください。猫や犬、金魚を飼って世話をするのもいいでしょう。ただし、恋愛の場合は、相手の人権を侵害してはいけません。ダメならば、さっさと引き上げるようにした方がいいでしょう（笑）。

051

ゆっくり決断すること、
そして一旦決断したら、これを粘り強く守ること。
そのほかのことは、これに続いて起こる。
慌ただしい人間と変わりやすい人間、
これは弱者の二種類である。
こうした人間たちと自己自身を
取り違えないこと、距離を感じること、
——機を失ってはならぬ！

『ニーチェ全集第十一巻〈第II期〉』
（白水社、322ページ）

これは、デカルトも言っていることですが、考えるべきことはとにかく考え抜く。そして「これ！」と決めたなら、今度はそれを貫くことが大事だということです。デカルトは、そうすることによって、一生、不安と後悔から解放されたといいます。

051 考え抜き、そして貫け

みなさんも、不安と後悔から、一生解放されたいことでしょう。

では、なぜ不安になったり後悔したりするのかといえば、考え抜いていないからです。「なぜ、あのときもっと考えなかったんだろう！」ということがあれば、当然、後悔しますね。一方で、考え抜いたうえで実行するとなれば、もう、やるしかないわけですから、余計な不安はありません。

この、不安も後悔もない人生については、デカルトの『方法序説』に書いてありますが、ニーチェもまったく同じことを言っているわけです。つまり、ゆっくり、じっくり考えて決断する。そして、決断したら粘り強く守る。

四字熟語で言えば、「熟慮断行」です。**熟慮して、断行する。よくよく考えて、果断に行動する。そして、それを貫くということです。**

この「熟慮断行」をしますと、他のことは自然に変化していきますから、まずは「大事なことをしっかり決める」ということがポイントです。たとえば、自分はどこに就職するのか、結婚するのかしないのか、人生の節目においていろいろなことがあるでしょう。それらについて、ゆっくりじっくり考えて決断すると、のちに後悔がありません。

私の知人の女性ですが、しっかり熟考したうえで、「一人で生活していく」と決心、つまり〝結婚しない〟ことを決めた人がいます。50代になっても独身のままで、明るく過ごしています。一方で、「結婚したい」と思っているにもかかわらず、なんとなく時間を過ごし、「もう50歳！」というような人もいます。結婚する、しないは、自由です。ポイントは後悔があるかないかです。

「慌ただしい人間」とは、いつも慌ただしくてじっくり考えていない人のこと。そういう人は一度立ち止まって、しっかり考えることが必要です。そして、「変わりやすい人間」とは、「これをやります」と言っても続かない人のこと。決断したことを粘り強く守ることができないのですね。いずれも、ニーチェのいう〝弱者〟ということになります。

そのようにならぬよう、くれぐれも「熟慮断行」を心がけるようにしてください。

052

だが僕は、友人たちと
一緒にいるときよりも、
ひとりでいるときの方が、
彼らを一層はっきり
美しく見るように思われる。

『曙光』
（ちくま学芸文庫、400ページ）

052

孤独の中でこそ、人が見えることがある

気の置けない友人と一緒にいれば、誰しも楽しいものですね。しかし、様々な理由でその友人と会わなくなったあとに、「ああ、あの人はあんなことを言ってくれていたなあ」「いいやつだったな」などと考えることがあります。たとえ10年20年会っていない友達でも、ふと、昔自分にかけられた言葉が蘇ってくることもあるでしょう。

私などは、40年前にかけられた言葉でも、思い出すことができます。本当にちょっとしたことなのですが、「この人は自分をよく見てくれているな」というような言葉です。「ケン坊（中学時代の私のアダ名）はいつも全速力で走っては壁にぶつかり、また走ってはぶつかり……。すごいよね」という言葉なのですが（笑）、そのようなちょっとした言葉を、40年経った今でも思い出すことがあるわけです。

こうして、たまには過去を振り返ってみるのもいいでしょう。もちろん、嫌なことを思い出してはいけません。よいことだけを思い出すということを、絶対的な原則、ルールにしてください。そして、今思い返しても「たしかにそうだよなあ」と思えるようなことだけを振り返ってみるのです。スマホのメモ欄などに、ちょっと打ち出してみるといいかも

しれません。

そうしますと、「ああ、自分には友人がいないと思っていたけれど、いたんだな」など、いろいろなことがわかります。そもそも、その友人の範囲自体、思い出し方によって変わってくるもの。本当の親友かどうかという識別はやめて、過去に、あの一言を言ってくれただけの人を振り返る、というのもいいものです。

たとえば、私には大学時代、思い返せば3回ほどしか会ったことのない友人がいます。その友人と「この夏休みにやってみたいことは何か？」ということを話していたとき、彼がおもむろに「やってみたいことは3つある。そのうちの一つが、齋藤くんに会うことだったんだよ」と言ってくれたのです。そのとき、自分に会うということを目的にしてくれる人がいるんだということに驚いたことを、今でもよく覚えています。気はとても合いましたが、結果的に3回くらいしか会いませんでした。それでも、今なお「いい友人だったなあ」と思い返すことがあるわけです。

離れてから、「懐かしいな」「いい人だったな」と思う。そういう人こそ、友人です。**孤独の中でこそ、人が見えることがあるものです。**

053

「偉大な人間」が偉大なのは、
おのれのさまざまな欲望を
自由に跳梁させうる余地によってであり、
欲望というこの華麗な怪獣たちを
奉仕せしめるすべを心得ているところの、
それにもましていっそう大きな力に
よってである。

『ニーチェ全集第十巻〈第II期〉』
（白水社、108ページ）

ニーチェの思想の一つに、偉大な人をきちんと評価しようというものがあります。言い換えますと、ちっぽけな人間が、醜い嫉妬心により、寄ってたかって偉大な人間を引きずりおろすことへの批判にほかなりません。そのため、偉大な人間を偉大な人間として評価しない人を、ニーチェは批判するわけです。もし、あなたが偉大な人間を見て嫌な気分がするとしたら、おそらくそこには、嫉妬心が潜んでいることでしょう。

053 渦巻く欲望を、コントロールせよ

偉大な人間がどうして偉大なのか。それは「華麗な怪獣たちを奉仕せしめるすべを心得ている」から、というわけです。人間というものは、欲望を減らしていけば何事もなく過ごせます。ただし、それでは面白くない。かといって、渦巻く様々な欲望をすべて解き放ってしまうと、今度はコントロールができなくなり、混乱を招いてしまう……。それは、自由でも何でもありません。

そうではなく、**暴れ馬のようなエネルギーを持った「華麗な怪獣たち」を乗りこなす力を持つ人こそが、偉大なる人間であるというわけです。**いわゆる、人馬一体とでもいいましょうか、エネルギーそのものと、それをコントロールするものが一体となった状態こそ

が肝心なのです。

しかも、人馬一体状態は、できるだけスケールが大きい方がいい。なぜなら、「もっと○○したい！」と暴れ回る大きな欲望を、大きな力で「華麗な怪獣たちを奉仕せしめる」コントロールのできる人こそが、より偉大な人間だからです。

偉大な人というのは、往々にして「この人、これをやっていなかったら道を踏み外していたのでは？」と思わせることが多いものです。たとえば、「この人、ボクシングをやっていなかったら危ない人なんじゃないの？」というような人もいらっしゃいますね。彼らはボクシングと出会ったことで、エネルギーをコントロールしているわけです。

日本では欲望の少ないおとなしい女性をよしとするような風潮がありました。「女だてらに」という言い方もあり、女性のエネルギーを抑圧していました。

しかし、まるで暴れ馬のようなエネルギーを持っている女性が、なんとか自分でコントロールしている。この状態こそが、人として偉大であり、魅力的なのです。

ただおとなしくて欲望も少なく、「何もする気がない」というようでは、男女ともに、人間としての魅力に少々欠けると思いませんか？

054

偉大な人間が偉大になったのは、
それだけの費用を
支払ったからであって、
まるで奇蹟のように天の賜物、
「偶然」の賜物として
存在しているからではない。

『ニーチェ全集第十巻〈第II期〉』
（白水社、40ページ）

054 偉大な人間が偉大なのは、偶然ではない

私たちは芸能人に対して、「この人、運がよくて有名になっただけじゃない?」などと、ついつい軽口を叩くことがありますが、彼らが有名になるためには、それだけの〝費用〟がかかっているということを忘れてはいけません。決して偶然ではないのです。テレビの向こうの彼らは、それなりのコストを払っているということです。

ときどき、非常に能力の高く頭のよい人が、40代くらいで突然死してしまうというようなことがありますね。特に、文学者や芸術家に多くみられますが、才能のある人が突然死したり、自殺してしまったり……。

いったいなぜだと思いますか? それは、彼らがそれだけのコストを払って生き、作品を生み出していたからだと、私は思うのです。「自分にもできそうだ」と思い、実際にやってみたところ、非常に大変だったという経験を持つ人は多いはずです。見ているのとやるのでは大違い。それこそが、答えです。**偉大な人間が偉大なのは、それだけのコストを払っているがゆえなのです。**

たとえば、歴史上の偉人である、ナポレオン。彼は後世に名をはせる、非常に偉大な人

物ですけれども、やはり、大変なコストを払う人生を送っています。たとえば、ロシアに遠征した際も冬将軍にやられ、大失態をおかしています。また、ナポレオンはただ戦っただけではなく、あまりに才能があったので、社会のいろいろなシステムをつくり続け、「ナポレオン法典」なるものもつくっています。しかしながら、それらがすべて理解されることはありませんでしたし、皇帝にまでなりながら、追放もされています。最後はセントヘレナ島で息をひきとりました。偉大な人がどれだけのコストを払っているか、この例からもおわかりいただけることでしょう。

また、少し面白い考え方として、「一人の突出した人物が出現する前に、一族全体が頑張っている」というものがあります。

たとえば、私たちは今、日本語で世界中の名著が読めますけれども、これも翻訳をしてくれた先人のおかげです。しかも、その先人の前の先人たちも頑張っている。つまり、**偉大な人間をその人一人の成果として見ない、という視点も必要ということです。**

いずれにせよ、一人の突出した人物は、やはり「偶然」の賜物として存在している、というわけではなさそうです。

055

私には「未来」という
観念が欠けている。
私が前方に見るのは
ただ滑らかな平面である。

『ニーチェ全集第十一巻〈第II期〉』
（白水社、371ページ）

055

誰にもわからない未来を、不安に思うな

このフレーズの前を読みますと、「どうして私がこのようにあるのか、それを私はときどき聞いてみたくてならない（中略）私の生涯にはまったく数々の不意打ちの出来事があった」とあります。自分のことは語りたくないというわりに、自分のことばかり語っているニーチェに、思わず親しみが湧いてきます（笑）。

「不意打ちの出来事」とは、実によくあることです。ニーチェは「自分はこうなるだろう」という未来のことに関心を持たないがゆえに、余計に不意打ちになってしまうわけです。

よく、「想定内」という言葉を使う人がいますが、ニーチェの場合は、あれこれすべてが「想定外」「不意打ち」ということになります。くり返しますが、それは「未来はこうあるべき」という観念を持たないためです。「**前方に見るのはただ滑らかな平面**」**であり、そこをただ行く、というわけです。**

仮に、未来への不安に駆られている人がいるとしましょう。将来が不安で仕方がなく、20年後にどうなっているかが不安で、今のうちから準備するといったような、いささか慎

重すぎるような人です。

当然、そういう人がいても構いません。ところが、「(江戸っ子は) 宵越しの銭は持たない」という言葉があるように、とにかく前方が開けていて、滑らかな平面が見えており、とり立てて願いを持っていない、という人もいるわけです。

「江戸っ子はもともとそれほどお金がなかったから」という説もありますが、ある意味で、貧乏を逆手に取った思想です。また、私の両親は結婚までに二度ほどしか会ったことのない見合い結婚でしたが、生涯仲良く暮らしました。未来へのこだわりの少なさを感じます。未来の自分に思い煩うことがない種類の人間がいるということです。そういうタイプの人にとっては、将来や、未来への不安など、生きていくうえであまり関係がないのでしょう。

したがって、将来への不安を持ちすぎる人というのは、自分で計画を立てすぎてしまったり、願い事が多すぎたり、あるいは、すべてを「想定内」にしたい人、といえるかもしれません。とはいえ、「想定内」だけですと、人生は面白くないかもしれませんね。将来や未来への不安が多いと、気苦労も絶えないことでしょう。多少「未来」という観念が欠けているくらいが、生きていて楽しいのではないでしょうか。

056

美が君たちの緊急事でないなら、
君たちの美の探求に
何ほどのことがあろう！
飽満ではなく
美が最後の要求で
なければならない

『ニーチェ全集第六巻〈第II期〉』
（白水社、47ページ）

056

美的体験を、人生の最優先事項とせよ

現代において、「美」が緊急事である人は、いったいどれだけいることでしょう。たとえば、お金や容姿その他、いろいろなことに恵まれている人がいたとします。しかし、いくら恵まれていたとしても、平々凡々、月並みな毎日を送り、「はい終わり！」という人生ではつまらないですね。

そこに何が欠けているかというと、「美」です。本当の美というものは、こちらの魂が震えるような強烈なもの。それが美であり、美的体験なのです。

たとえば、いわゆるパワースポット巡りをされる方がいますね。これは一見いいようでいて、少々微妙といったところかもしれません。なぜなら、多くの人はパワースポットに行って写真を撮りながらも、別段パワーアップすることもなく帰ってくるからです（笑）。

つまり、そこに何が足りないかと申しますと、〝神聖なる宗教的な気持ち〟にほかなりません。かつて、パワースポットというものは、そこに行くと荘厳な気持ちになる、思わずこちらが身を正さねばいけなくなるような場所でした。つまり、「流行っているから行ってみた」とか「パワーがほしい」というような安易な動機では、緊急事とは言えません。そうではなく、「自分の魂を救ってくれるような美しさはないか？」と探し続けて、額に汗して富士山に登り、山頂で御来光を見て「ああ、これは美しい！」という宗教的な体験をする。そういう、本当の美の体験でなければ意味がないのです。

また、**そうした自分の大切な琴線に触れるような体験を重ねていきますと、次第に、美というものが最優先事項になっていきます。**つまり、「美」が緊急事となり、「人生の中で、こういう瞬間こそが一番大事なんだ」と考えるようになるわけですね。

その日一日で、どのような美に出会ったかを書き留めておく「美の手帖」のようなものを持つのもおすすめです。それは、単に美術品を眺めた、ということだけではありません。ビルの隙間に見えた細い月に、大きく心を動かされることもあるでしょうから。

たとえば、俳句というものは、まさに一瞬の美を捉えたものですね。与謝蕪村《よさぶそん》の句に「菜の花や月は東に日は西に」というものがあります。目の前に菜の花。顔を上げて空を見ると、月が東に出て、日は西に傾いていた。たったこれだけでも、立派な美的体験となるわけです。

ぜひ、「美」を緊急事とし、魂が震えるような美的体験を積み重ね、人生を豊かに彩っていきましょう。

057

自己をもっと複雑なものにしたいか、
それとも、もっと単純にしたいか。
もっと幸福になりたいか、
それとも、幸福や不幸にもっと無関心になりたいか。

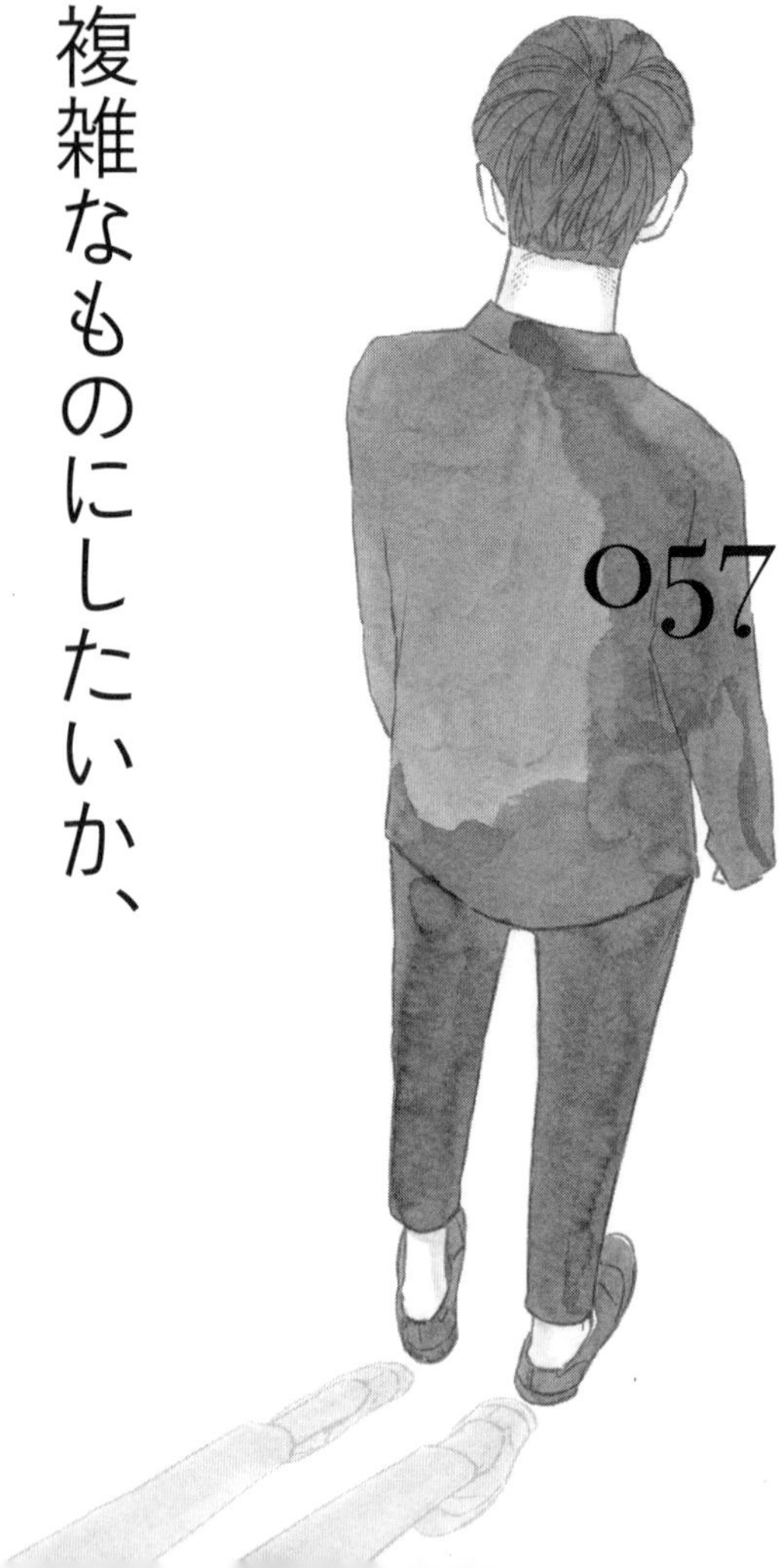

（中略）
もっと利口にたちまわりたいか、
それとも無鉄砲にやりたいか。
（中略）
もっと尊敬されたいと思うか、
それとももっと恐れられたいか？
あるいはもっと軽蔑されたいと思うか！

『ニーチェ全集第十一巻〈第II期〉』
（白水社、334ページ）

057 物事を複雑でなく、シンプルに捉えよ

みなさんはこのフレーズを見て、「ニーチェはどちらをよいと思っているのだろう」と思いませんか？　どちらでもよいと言っているのか、はたまた、どちらかをいいと言っているのか……。ただし、ニーチェを読み慣れている人であれば、見た瞬間「ニーチェは前が嫌いで、後ろが好き」ということが、おわかりになるでしょう。

ニーチェはシンプルな力強さを求めますから、複雑にしようとする人を嫌います。

つまり、幸福になりたいと、うだうだ言う人が嫌いで、幸福や不幸なんて全然関心ない、といった風情の人が好き。利口に立ち回る人が嫌いで、無鉄砲な人が好き。そして、もっと尊敬されたいと思っている人が嫌いで、もっと恐れられたいと思っている人が好き。しかも、もっと軽蔑されたいと思っているような人が好きなわけです。

どうでしょう、みなさんは、ニーチェの好みがおわかりになりつつあるでしょうか（笑）。

ちなみに、ニュートンもアインシュタインも、極端なほどにシンプルに、たとえば$F=ma$、$E=mc^2$といった具合に、世界の法則を数式で表現しました。これ以上シンプルに

できないほど、シンプルですね。そうすることで、それが間違っているか否かもチェックしやすいですし、堂々としていて、どこか美しさや勇気をも感じさせます。

同じく、ニーチェも物事を複雑に捉えるのでなく、スパッと明快に断言したわけです。だからこそ、ニーチェの言葉は強い。シンプルに、心に突き刺すようなものばかりです。

たとえば、道具などと同じかもしれません。機能を追求していくうちに、形までシンプルになっていく。そういう機能美というものがあるわけです。刀などでも、シンプルなものほど美しいと思いませんか？

したがって、**幸福だとか不幸だとかを考えたり、悩んだりしている時点で、すでに弱いというわけです。**人生とは「ただやりたくてやった」という、非常にシンプルなことの積み重ねですから。つまり、「私はどうしたら幸福になれるでしょうか？」ではなく、ニーチェからすれば「まずは、やるべきことを、やりたいことを、やりなさい」といったところでしょうか。

そういった、大きなスケール感で、自分を捉え直してみるといいかもしれません。

058

人のもたなくては
ならぬものが一つある、
生まれつき軽やかな心か、
芸術や知識によって
軽やかにされた心かである。

『人間的、あまりに人間的I』
（ちくま学芸文庫、424ページ）

058

軽やかな心を、獲得せよ

「人として持たなければいけないものを、一つ挙げよ」と問われたとき、一言「軽やかな心」と答えられる人は、なんともスマートでかっこいいと思いませんか？　この〝軽やかさ〟こそが、ニーチェ思想のテーマだと言っても、過言ではありません。

昨今では、憂鬱に陥りやすい人が増えています。つまり、軽やかな心の獲得とは、今や、私たちが日々を生きるために、不可欠な要素だといえるでしょう。

人は、「○○すべき」が積み重なっていくと、気分が重くなり、がんじがらめになって、自由に動けなくなってしまいます。ニーチェのいう「重さの霊」の仕業です。

したがって、**「○○すべき」ではなく、まるで子どもが遊ぶかのごとく「やりたいからやる」「動きたいから動く」というように、軽やかな心を持って行動すべきなのです。**

それでは、どのようにして、その軽やかな心を持てばよいのでしょうか？

一つ目に「生まれつき」とありますね。たしかに気質上、軽やかな人がいます。他人を恐れず、何事も気にせず、前向きで、気分の落ち込みが少ない人のことです。ただし、本来はこのパターンに属しながらも、状況によって気分が重くなる可能性もあります。20代、ほぼ無職のような状態でくすぶり続けていた時期の私が、まさにそうでした。

二つ目が、芸術や知識によって軽やかになるというケースです。芸術や知識に触れると、新たな世界が広がりますね。たとえば音楽が好きなら、ミュージシャンに影響を受けることもあるでしょう。音楽を含めて、芸術にはパワーがありますから、そのパワーに触発されるかたちで自分も軽やかになるわけです。「好きなミュージシャンのライブに行きたい！」と思うのも、そこで自分が軽やかになると知っているからです。

これは、知識も同じこと。知識というものは、先人たちが新しい世界を切り開いてきた結果にほかなりません。たとえば、物理の授業を受けて、ニュートンの思想に触れる。そこで得た知識によって、霧が晴れたように先が見渡せることもあるのです。

優れた芸術や知識との出会いが、みなさんの毎日を軽やかに、元気にしてくれることでしょう。自分の中に湧き出るエネルギーを、ぜひ感じ取ってみてください。

059

高貴な魂はどんなものをも無償で得ようとは思わない、ことに生を無償で得ようとは思わない。

『ツァラトゥストラ』
（中公文庫、445ページ）

059 自分で選択し、リスクを生きよ

今の時代、音楽でも動画でも、とにかくフリーで手に入ることが当たり前になっています。ネット世界の功罪にはいろいろありますけれども、一つには、この「タダでほとんどの情報を見ることができる」という点が挙げられるでしょう。

YouTubeもタダですし、他にも違法合法含め、フリーのものだらけです。そして、そのフリーのものだけをネットサーフィンしていても、あっという間に一日が終わってしまうほどの膨大な量。それゆえ、わざわざお金を払って聴いたり、お金を払って見たりすることがなくとも、何となく満足してしまうわけですね。

ところが、この「無料である」ことは、あたかも弱者の味方のようでありながら、実はこれこそが〝罠〟なのです。フリートラップとでも申しましょうか、いわゆる「タダほど高いものはない」というものです。なぜなら、タダで手に入れたものというのは、どうも〝身に付かない〟ことが多いからです。

実家にいつまでもパラサイトしているような、いわゆる放蕩《ほうとう》息子を思い浮かべてください。働いたことがないのでお金の有難みがわからず、湯水のようにお金を使ってしまうこ

とがあるわけです。

したがって、たとえば本一つとっても、身銭を切って買う、ということが大切になります。よく「図書館に大体の本は揃っていますから大丈夫です」という人がいらっしゃいますが、私からすれば「大丈夫じゃない！」（笑）。

大学の授業でも『ツァラトゥストラ』を使って、直接線を書き込むので、次回までに中公文庫版を買ってきて」と頼みますと、それでも図書館の本を持ってくる学生がいるんですね。図書館の本では書き込みができないじゃないか、と思うわけですが……。

人間というものは、お金を払わないと、本気で対象物に向き合わないのです。

また、「生を無償で得る」というのは、お金のことだけでなく、自分が身銭を切って生を生きる、ということです。つまり、**自分で選択をし〝リスクを生きる〟ということ。**

お笑い芸人・ずんの飯尾和樹さんのコントに、「平日の昼間からゴロゴロ〜ゴロゴロ〜、あ〜あ〜オヤジがトム・クルーズだったらなあ」と呟くというものがあります。私はあのネタが大好きですが、それこそ、生を無償で得ようとしていますよね（笑）。

さもしい根性で〝無償で〟得ようと待つのではなく、自分が何をするか、何ができるかと考える〝高貴な魂〟を持つ人でいてほしいと思います。

すでに彼は自己自身を模倣している、
すでに彼は倦み疲れた、
すでに彼はいつか来た道をさがしている！
そしてこのごろ愛しているのは、
咎められないものばかりだ！

『ニーチェ全集第十二巻〈第II期〉』
（白水社、56ページ）

060

同じことにも、少しずつの変化を加えよ

たとえば、大御所のミュージシャンで、その人がもっとも売れていた時代に歌っていた曲と似たような作品ばかりを、延々とつくり続けているような人がいます。新しいことをすれば、ファンから否定されてしまう可能性が少なからずある。それを恐れて〝とがめられない、無難なもの〟ばかりをつくっているわけですね。

つまり、チャレンジをすることなく、いわゆる「自己模倣」をくり返しているのです。

もちろん、それも悪くはないでしょう。しかし、ニーチェ風にいうならば、そのミュージシャンは「いつか来た道をさがしている」ことになります。本当は、自分自身でも飽きてしまっているのかもしれません。

本来であれば、自分の過去の栄光を模倣することはやめて、ファンの反応ばかり考えず、自分から溢れ出るものを表現すればいいのです。

私自身にも覚えがありますが、同じ仕事を続けていますと、当然「これは、いつかの模倣にすぎないな」と思うような場面に出くわすことがあります。たとえ、どんなにクリエ

イティビティに溢れた人であろうとも、常時、100%新しいものをつくり続けることは非常に難しく、ほとんど〝不可能〟と言っても過言ではありません。

そんなときは、部屋の換気をイメージしてみましょう。窓を少しだけ開けることで、部屋の空気の1割くらいを新しいものに換えるのです。

一気にすべての空気を入れ換えようと、窓を大きく開け放っていれば、当然寒くなってしまいますね。ですから少しだけ、おおよそ1割くらいの換気が目安です。

このように、**ちょっとずつ変えていくことがポイントです。**今までのベーシックなものが8、9割だとすれば、新しいチャレンジが1、2割といったところでしょうか。

たとえば、学校の先生は、新年度になるたびに昨年と同じ内容を教えるわけです。それでも、「今年度からは、2割くらい教え方を変えてみようか」といった具合に、同じことのくり返しの中でも、少しずつ、変化を加えていくのです。いわば「換気力」です。

もし、みなさんが「この仕事にも飽きたな」「疲れた」などと感じたら、ほんのちょっとで構いませんから、新しいことを取り入れてみてください。

チャレンジし続けること。それこそが、ニーチェの〝超人への道〟なのですから。

190

疑わしく恐ろしい諸事物への偏愛は
強さの徴候であり、
他方、小ぎれいで
小いきなものへの趣味は、
弱者たちの、繊弱な者たちの
ものだということである。

『ニーチェ全集第十巻〈第II期〉』
（白水社、274ページ）

ニーチェは、強いものと弱いものについて語る場面が多くありますが、ここでは「今どきはちっぽけで弱い人が増えてしまっている。そうでなく、もっと偉大で強いもの、そういうものを目指すべきなんじゃないか？」ということについて述べています。

つまり、小さく弱いもの同士が肩を寄せ合い「これくらいでいいよね」などと安心していますと、偉大なものが生まれなくなってしまいます。それをニーチェは心配していたわけです（236ページ参照）。

ここでいう「小ぎれいで小いきなもの」とは決してよいもののことでなく、いわゆる〝スケールが小さく弱いもの〟であることが、訳語にもよく表れているように思います。

190 小ぎれいなものばかり好む人は、注意せよ

今、多くの人は「小ぎれいで小いきなもの」ばかりを好む傾向にあります。小ぎれいで、整っていて、可愛いというようなものが好きなのですね。

一方で、たとえば寺山修司の舞台『毛皮のマリー』などを観ていますと、舞台上が変なもの、エネルギーのあるもので溢れかえっています。変わったもの、グロテスクなものばかりで、きれいで可愛い、小ぎれいなものなど、一つもありません。

寺山修司の世界というものは、そういう〝疑わしく恐ろしい諸事物〟で構成されているわけですね。それらを偏愛することこそが、強さの象徴なのです。したがって、寺山修司の世界ですとか、当時のアングラ劇団を「面白い！」と感じて通っていたような人たちは、ある意味で、強さを求めていたと言ってもいいかもしれません。しかも、その舞台で主役を演じるのは、あの美的モンスター・美輪明宏さんでした（笑）。

つまり、**小ぎれいで整ったものばかりではなく、もっと暴れているようなもの、疑わしいもの、恐ろしいもの、言ってみればモンスターのようなもの……。それらを偏愛して、自分のものにしていくことが、強さなのです。**もし、みなさんの趣味が、あまりに通俗的で、小ぎれいで、可愛いものだけで成り立っているとしたら、「もしかしたら自分は弱いのかもしれない」と、自身を振り返ってみてください。

もちろん、何が好きでも構いません。ただし、小ぎれいなものばかりが好きということになりますと、ある意味で「精神の潔癖症」に陥っている可能性が考えられます。

そもそも、ニーチェの言葉には、毒しかありません。そういったものを「絶対ダメ」と受け付けなくなる前に、自分の弱さ、精神の潔癖性について、一度向き合ってみるとよいでしょう。

062

わが親愛なる憂鬱病者よ、
一番よいことはやはり、
実際的にも比喩的にも
多く眠ることである！
そうすればまた自分の朝を
もう一度もつだろう！

『曙光』
（ちくま学芸文庫、337ページ）

062 眠り、自分を緩めて、新しい朝を迎えよ

どんな人でも、憂鬱になることがあるはずです。しかも、能力のある人ほど憂鬱に陥る傾向があります。

その理由の一つに、自分の力が十分に発揮できないということがあるかもしれません。周囲が今一つに見え、自分の力も上手く発揮することができず、イライラしてしまい、憂鬱に陥るのです。その際、方向性を見誤りますと、ドストエフスキーの『罪と罰』の主人公・ラスコーリニコフのごとく鬱になって、本当に危ないことをしてしまう人もいます。

私は、ラスコーリニコフに必要だったのは、心地よい睡眠ではなかったかと思うのです。往々にして、人は昼夜逆転すると危ないのですが、彼は夜通し考えごとをして、寝ていなかったわけですから。

実は私は夜型人間でして、あるときどうしたらいいかと考えました。体内時計が25時間くらいのサイクルだったため、少しずつ就寝時間がズレていき、眠るのが朝方の3時、4時になっていたのです。そこでひらめいたのは「そうか、朝早く起きなくてもいい仕事に

就けばいいんだ！」ということでした（笑）。仕事は嫌いではありません。ただ、朝早く起きられないだけなのです。ということは、寝る時間を確保すればいい、と……。

また、あるとき美輪明宏さんに「齋藤さん、寝ないとダメよ。寝れば大丈夫だから」と言われたこともあります。その頃、私はものすごく忙しかったのですが、「美輪さんとニーチェが言うならそうだろう」と思いまして、睡眠を重要視するようになりました。

また、比喩的に眠るということは、もちろん実際に眠ることではありません。**たとえば、ちょっと環境を変えてみるのです。**

私の場合であれば、沖縄へ行きます。東京ではストップウォッチを手に「15秒！」「遅い！」なんて、1秒も無駄にしないように暮らしているわけですが、そのカバンのまま沖縄に行きますと、「カバンの中に不思議なもの（ストップウォッチ）が入っているなあ」というように感じるものです。

このように、私の場合は、普段活動している場所と違う土地に行くことで、スピードに追い立てられることなく、自分を緩めることができるようになります。これこそが、比喩的に眠るということ。そうすることで、新しい朝を迎えることができるのです。

063

世界は深い、昼が考えたより深い。

『ツァラトゥストラ』
（中公文庫、732ページ）

このフレーズは、ツァラトゥストラの輪唱として、詩の中に出てくる言葉です。この後には、「世界の痛みは深い――、悦び――それは心の悩みよりいっそう深い。（中略）しかし、すべての悦びは永遠を欲する――、――深い、深い永遠を欲する！」と続きます。

要するに、人は悦びが高まってきますと、当然、それが永遠であってほしいと願うわけですね。人生にはときに痛みも必要ですが、しかし「悦びは心の悩みよりいっそう深い」わけです。

ある時間を「素晴らしい」と思いますと、現在というものが永遠になってほしいと思う。深い深い永遠であってほしいと願う、この素晴らしい一瞬のためなら、そこに至るまでのあらゆるレベルの低いもの、嫌なものが何回くり返されてもいい、という考え方。それが、ニーチェのいう「永劫回帰」説です。「この瞬間のためなら！」というわけですね。

夏目漱石は、『私の個人主義』という講演で、「自分のつるはしで、自分の鉱脈を見つけるところまで掘りなさい」と言いました。世界は深く、いまだ掘り起こしていない喜びがあるかもしれない。だから、自分の本領をつかむまで、つるはしで掘れというのです。

「ああ、ここに自分の生きる道があった！」と、思わず叫ぶまで掘り進めなければダメだということです。

なぜ世界は「昼が考えたより深い」のか？　普通の理性が支配するのが昼間で、それがアポロンのように知性的な神の支配する世界だとしますと、夜は酔いしれる酒の神であり、荒ぶる神、ディオニソス的な世界なのですね。夜は無意識の世界でもあるわけですから、それが爆発したとき、世界は昼間に理性が考えているよりもずっと深い、とニーチェは言うわけです。

「自分はこうである」と考えているよりも、ずっと深いかもしれない……。それを酔いしれた真夜中の自分が教えてくれるということです。自分が普段考えている枠組みというものがありますが、それを取っ払ったところ、と考えてもいいでしょう。

そういう意味では、自分を少しだけ超越したものに出会うということが、大切なのかもしれません。好きなミュージシャンでも、コンサートで生の声を聴きますと、魂を揺さぶられると申しますか、悦びがありますね。理性で「世の中、大体こんなものだろう」と考えていた〝リミッター〟を取っ払うだけの力があるからです。

「深い」とは、そんな感覚なのかもしれません。

064

あなたの重荷を深みに投げよ！
人間よ、忘れることだ！
忘れることだ！　忘却の術は神的だ！
飛ぶことを願うなら
高みに住むことを願うなら、
あなたの重荷を海に投げることだ！
ここに海がある。あなた自身を海に投げよ！
忘れる術こそ神的だ！

『ニーチェ全集第十二巻〈第II期〉』
（白水社、64ページ）

064 君よ、忘れろ。今を生きよ

シンプルに言い換えれば、「人間よ、忘れろ」ということです。

どんな人でも、過去にあったすべてのことを覚えていると、当然、重荷になってしまいますね。ですから、サーッと忘れていくことも大事なのだと説いているのです。

たとえば、過去にあった嫌な出来事について、「〇〇ってあったよね？」と言われたときに「そんなこと、あったっけ？」と言えたら、のんきでいいかもしれません。

これは、単純にボケることとは違います。つまり、〇〇という出来事が記憶として完全に消えたわけではないけれども、それが今の自分に影響を与えるような、そういう大事なものではない。したがって、覚えているかいないかといえば、覚えているわけです。

ところが、ネガティブなことを毎日思い返して「あのとき、あの人はこう言った」などと反復していますと、心にまるでトラウマのごとき〝溝〟ができてしまうのです。

そうした〝溝〟をつくらないためにも、基本的に重荷だと思うことは海に投げてしまう、つまり、忘れてしまうことが肝心。そして、忘れるためにどうすればいいかと申しますと、

「今を生きる」ということにほかなりません。

ニーチェの思想の基本は「祝祭的に生きよ」ということにあります。つまり、この世を祭りとせよ。どうせ死ぬとわかっているのだから、楽しく、愉快に、自分の力を十全に発揮してやろう、というわけですね。


たとえば、詩人の金子みすゞは、女性が抑圧されていたあの時代において、詩（童謡）をつくるということで、自分を表現しました。その作品が、今でも残っているわけです。

つまり、金子みすゞは抑圧された世界の中でも、チャレンジを欠かしませんでした。

そういったチャレンジするエネルギー、「今、自分は燃えている」「子どもたちのために童謡をつくっている」といった生命の燃焼感たるや、実にニーチェ的ではないでしょうか。

できれば、もっと女性が活躍できる社会に生きてほしかったと思います。

キリスト教の歴史を見ましても、ルネサンスの時代に風通しがよくなるまで、せっかく力のある人をも抑圧してしまうような空気があるために、素晴らしい芸術家がなかなか生まれなかった中世時代もあります。

私たちは、もっと風通しよく、楽しく、愉快に「今を生きる」人のための社会をつくっていかなければならないと、ニーチェは教えてくれています。

065

自己賛美は健康的である！――自己賛美は風邪をふせぐ。

『ニーチェ全集第十二巻〈第II期〉』
（白水社、25ページ）

ためらわず、自画自賛力を高めよ

私流に言えば〝自画自賛力〟ですが、自分で自分を賛美することによって、健康でいられるといったフレーズです。

ニーチェは『この人を見よ』の中で、「私はなぜ、このように良い本を書くのか？」「なぜ、私はこれほどかしこいのか？」と、一見びっくりするような内容の文章を書いていますが、これぞ自己賛美ということでしょう。

実は、私も小学生の頃から、これと同じことを考えていました。どうして多くの人が「謙虚に生きよ」というのか、まるでわからなかったのです。どこかで、そういった考え方が不健康なもののように感じていたのかもしれません。

なぜなら、本来自分ができることに対して「私なんてとても、とても」などと謙遜するのは、ちょっと気持ちが悪いと思いませんか？　そういう人に限って「私、ちょっと太ってしまって」というので「たしかに、少し」と言うと怒りますし、「その落とし穴、やめてくれる？」といった感じです（笑）。

つまり、**謙虚に見える人ほど、他人に褒めてもらいたがっている傾向があります。**思わず「面倒くさいので、自分で自分を褒めてくれないか？」と思ってしまいますが。「最近、1kg痩せたんだけど。どう？」「いや、1kgですか。正直、わかりません」というやり取りの方が、どこか健康的な感じがしませんか？　あるいは、テストの前に「勉強？全然してない！」などと言う人がいますけれども、ああいうのも「失敗した場合の予防線を張っているなぁ」という印象を受けてしまいます。

そして、「風邪をふせぐ」ということですが、風邪とは自信喪失、自己否定の病であり、あるいは不安や後悔の病の比喩でもあります。

精神的な病のほとんどは「自己賛美の足りなさ」によるもの。「反省が大事」「客観的に自分を見よ」などといいますが、そもそも日本人は、自尊感情（セルフエスティーム）に乏しいといわれています。自分がどこか〝足りない〟と思っているからこそ、他人から指摘されると傷つくのです。したがって、現代の日本人には、この自己賛美（自己肯定）の必要な人が多いのではないかと思われます。

自己賛美する人を「調子に乗っている」「天狗になっている」などと、寄って集《たか》って叩くというケースをしばしば見かけますが、あれは悪しき習慣です。個人的には、「健康的でいいじゃないですか。放っておきなさい」と思っています。

066

おまえはひた走りに走った。
疲れきったおまえに、
いまようやく、
幸福が追いついた。

『ニーチェ全集第十二巻〈第II期〉』
（白水社、51ページ）

なかなか象徴的で、かっこいいフレーズですね。「疲れきったおまえに、いまようやく、幸福が追いついた」わけです。いったいどのような〝幸福〟なのでしょうか。

実はこういったことが、実際によくあります。一生懸命に仕事をしている。そのときは渦中にあり、本当に大変なわけですから、自分が幸福かどうかなどを考える暇はありません。ところが、どうにか仕事が終わって「ああ、疲れた！」と思った瞬間、ハッと「あの忙しかった時間は、なかなか幸福な時間だったんだ」と気がつくのです。つまり、「ああ、しんどい」と言っていた時間こそが幸福であったと、あとから気がつくわけですね。

066
ひた走りに走った者が、幸福をつかむ

ひた走りに走り、疲れ切る。これが、いい〝あり方〟ということです。幸福を求めてあたりを見回し、慎重に「どれがいいか、あれがいいか？」などとうかがっているようでは、幸福もやってきません。**そもそも、幸福というものは〝求めるもの〟ではなく、結果的に〝やってくるもの〟なのですから。**

かの孔子は、弟子の冉求《ぜんきゅう》が「先生の言うことはごもっともですが、実践するとなると難しいものがあります」と言ったとき、「今、女《なんじ》は画《かぎ》れり」と厳しく諭しました。これをわかりやすく言いますと、「お前はやる前（倒れる前）から、自分のことを限定してしまっているじゃないか。もっと潜在力を解き放ちなさい！」というわけです。

まずは、倒れるところまでやってみろ、ということですね。孔子なりの叱咤激励だったわけです。

ですから、自分が弱気になったときに、「今、女は画れり」と自分に言うクセをつけるといいかもしれません。他人に言うと嫌われますから注意が必要ですが（笑）、自分に問いかけるぶんにはいいでしょう。**「お前は、自分で、自分がやる前から力を限定していないか？」「やる前から言い訳をしているのではないか？」と、自分に問うてみるのです。**

ニーチェも孔子も、この通り「まずはひた走りに走って、倒れてみろ」というわけです。なかなか手厳しい言葉ですが、一つの真理なのかもしれません。

疲れ切るところまで走り切った者にのみ見える世界。それが、つまり、幸福ということなのです。

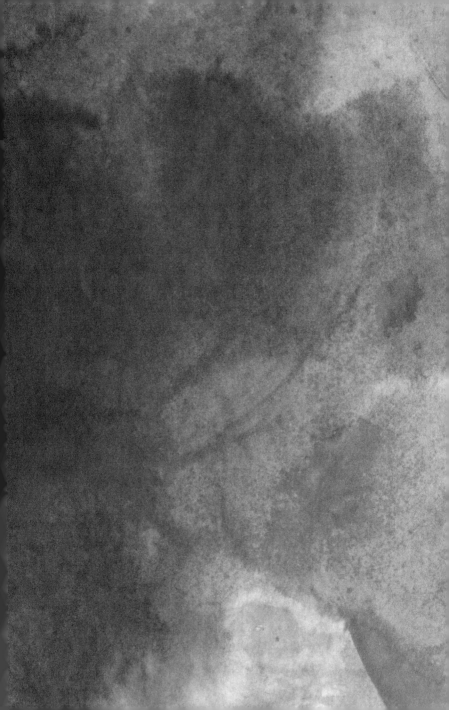

どのようにして、
精神が駱駝になり、
駱駝が獅子になり、
獅子が小児になったかを
述べた。

*すべてを肯定し、
自分から価値を
生み出すことができる
小児の時期

『ツァラトゥストラ』
（中公文庫、51ページ）

エピローグ

「さてこれが——わたしの道だ——君らの道はどこにある?」「道はどこだ」とわたしに尋ねた者たちにわたしはそう答えた。つまり万人の道というものは——存在しないのだ。（『ツァラトゥストラ』435ページ）

人というものは、迷ったり弱ったりすると、「私の行くべき道を教えてください」とばかりに、誰かにすがりたくなるものです。しかし、いくら他人に頼ったとしても、結果的に、あなたの人生を形づくるのは、あなた自身の決断の連続に過ぎません。

私たちの目の前には、無数の道が広がっています。つまり、「一般的にはこちらの方がよい」という道があったとしても、一般的だからと言ってその人に合っているとは限らないのです。

よく、スポーツなどでスランプに陥ってしまう人は、性格が素直すぎて、コーチから誰から、あらゆる人の言うことをみんな聞いてしまっている、ということがあります。つまり、他人の意見を聞きすぎたがゆえに混乱する、というケースもあるわけです。

ニーチェが『ツァラトゥストラ』に「万人の道というものは――存在しないのだ」と書いた通り、万人の道というものは、存在しません。したがって、本書も万人のための書であって、誰のための書でもない……。そう表現することもできるでしょう。

ただし、本書を読んで、ニーチェの言葉から、そして東元俊哉さんの素晴らしい絵から、あなたが何らかの刺激を受け、内側から湧き出るものがあったなら、それこそが、あなたの道です。

『夜と霧』を書いたフランクルは、「人生から、もう何も期待できない」と絶望する人に対して、「人生が期待するものに応えようとしろ」と言いました。つまり、人生に期待し、何かを与えてもらおうとするのではなく、自分が人生に対して何を与えることができるかがポイントなのです。

したがって、本書を読んで「なるほど、その通りだ！」で終わるのではなく、「自分なら、どうするか？」と考えることこそが、大切だというわけです。

今の時代は、表現手段が多様になってきた一方で、おとなしく、小さくまとまりがちな傾向もあります。自分を表現したいという気持ちはあるものの、ＳＮＳなどで常に誰かと繋がっているものですから、どうしても他者の目を過剰に気にしてしまうのですね。そのために、自分自身を抑制する傾向にある人が多くいらっしゃいます。これは、非常にもったいないことで、本来あなたが持っている潜在能力も、開花せずに終わってしまうかもしれません。

そんな今の時代にこそ、ニーチェの言葉で自らに火をつけ、炎をかき立ててみてください。あなたが持つ力を、存分に発揮してみてください。

もし、一歩も踏み出せない人は、半歩でも構いません。半歩も無理な人は、じりじりとにじり寄るがごとく、とりあえず前へと、進んでいってはいかがでしょうか？

このエピローグを書いている、二〇二〇年五月十日現在、世界は新型コロナウイルスと戦っています。戦いは思わぬ形でやってきます。身動きのとれない状況で、自分の中のネガティブなものとどう戦うか。ニーチェは、そのヒントも与えてくれます。

私たちは、ニーチェ自ら「最高の贈り物」という『ツァラトゥストラ』をはじめとしたニーチェの著書から、珠玉の言葉、多くの思想を受け取ることができました。

この本を読んだあなたに、ニーチェはきっと、こう問いかけることでしょう。

「さてこれが——わたしの道だ——君らの道はどこにある？」と——。

齋藤孝

＊参考文献

ニーチェ著、手塚富雄訳『ツァラトゥストラ』中央公論新社、2018年
ニーチェ著、池尾健一訳『人間的、あまりに人間的I』筑摩書房、1994年
ニーチェ著、中島義生訳『人間的、あまりに人間的II』筑摩書房、1994年
ニーチェ著、川原栄峰訳『この人を見よ 自伝集』筑摩書房、1994年
ニーチェ著、信太正三訳『善悪の彼岸 道徳の系譜』筑摩書房、1993年
ニーチェ著、信太正三訳『悦ばしき知識』筑摩書房、1993年
ニーチェ著、茅野良男訳『曙光』筑摩書房、1993年
ニーチェ著、杉田弘子訳『ニーチェ全集』第五巻（第II期）白水社、1989年
ニーチェ著、杉田弘子、薗田宗人訳『ニーチェ全集』第六巻（第II期）白水社、1984年
ニーチェ著、清水本裕、西江秀三訳『ニーチェ全集』第十巻（第II期）白水社、1985年
ニーチェ著、氷上英廣訳『ニーチェ全集』第十一巻（第II期）白水社、1983年
ニーチェ著、氷上英廣訳『ニーチェ全集』第十二巻（第II期）白水社、1985年

デザイン　木庭貴信＋岩元萌（オクターヴ）
編集協力　国実マヤコ
校正　麦秋新社
編集　青柳有紀＋安田遥（ワニブックス）